《带你走进博物馆》丛书编辑委员会

主　任：单霁翔
副主任：马自树　董保华　童明康
　　　　刘曙光　张自成　张广然

委　员：（按姓氏笔画排序）
　　　　王　莉　孙　机　朱晓东
　　　　刘铭感　安来顺　李耀申
　　　　李　游　陆　琼　何戍中
　　　　宋向光　陈　红　辛庐江
　　　　罗　静　解　冰　刘铁巍
　　　　洪　卫
主　编：张广然

塔城地区博物馆

带你走进博物馆

Tacheng Museum

SERIES

塔城地区博物馆　编著

文物出版社

图书在版编目（CIP）数据

塔城地区博物馆／塔城地区博物馆编著．－－北京：文物出版社，2022.3
（带你走进博物馆）
ISBN 978-7-5010-7112-8

Ⅰ．①塔… Ⅱ．①塔… Ⅲ．①博物馆－介绍－塔城地区 Ⅳ．①G269.274.52

中国版本图书馆CIP数据核字（2022）第039682号

塔城地区博物馆

编　　著	塔城地区博物馆
执　　笔	濮传达　钱克平　罗宁　康燕茹　王娟
	哈拉哈提·卡得尔别克　阿了玛古丽·赛力克汗
	于晓敏　李金霞　娜仁花
摄　　影	钱克平　罗宁
责任编辑	冯冬梅
责任印制	苏　林
出版发行	文物出版社
社　　址	北京市东城区东直门内北小街2号楼
邮政编码	100007
网　　址	http://www.wenwu.com
经　　销	新华书店
制版印刷	文物出版社印刷厂有限公司
开　　本	880mm×1230mm　1/24
印　　张	4.75
版　　次	2022年3月第1版
印　　次	2022年3月第1次印刷
书　　号	ISBN 978-7-5010-7112-8
定　　价	30.00元

本书版权独家所有，非经授权，不得复制翻印

赠 言

　　未成年人将要承担中华民族伟大复兴的重任。关心未成年人的健康成长,关心他们的思想道德的建设是我们每个人的责任,各类博物馆不仅是展示我国和世界优秀历史文化的场所,也是未成年人学习知识、培养情操的第二课堂。

　　让这套丛书带你走进博物馆,让博物馆伴随你成长。

国家文物局局长 单霁翔

2004年12月9日

目 录 Contents

馆长寄语	7
塔城历史沿革	9
塔城地区博物馆概况	14
塔城地区文物资源概况	17
馆藏精品	19
一　陶器	19
二　石器	22
三　铜器	24
四　铁器	27
五　石人	29
基本陈列	30
一　塔城地区历史文物	30
二　和谐家园	56

塔城地区博物馆

三　风雨彩虹——塔城爱国历史教育陈列展　　69

文化遗产　　83
　一　骆驼石遗址　　83
　二　下喀浪古尔村遗址　　84
　三　萨孜村遗址　　84
　四　石灰梁遗址　　85
　五　库托西遗址　　85
　六　洪沟青铜器出土点　　86
　七　白杨树村遗址　　87
　八　也密里故址　　87
　九　道尔本厄鲁特森木古城遗址　　88
　十　乌拉斯特遗址　　89
　十一　松树沟墓地　　90

十二	霍吉尔特墓地	95
十三	白杨河墓地	97
十四	僧塔斯石人墓	99
十五	阿布都拉水库墓地	99
十六	阿勒腾也木勒水库墓地	102
十七	宁家河水库墓地	106

教育交流及服务信息 109

    一　服务队伍建设和服务方式　109

    二　宣传教育　109

    三　临时展览　112

博物馆基本信息 114

馆长寄语

塔城地区位于新疆维吾尔自治区西北部,与哈萨克斯坦共和国接壤。塔城即塔尔巴哈台城的简称,"塔尔巴哈台",蒙古语,意为旱獭,因地多獭得名。塔城地区地处亚欧大陆腹地,属于中温带干旱和半干旱气候区。塔城地区地势南北高、中部低,地形各具特色。全地区水资源丰富,主要有额敏河、奎屯河、安集海河与和布克河等水系。地跨塔城北部的库鲁斯台草原河流纵横、清泉密布,是全国著名的平原牧场和生态湿地。

塔城地区现有不可移动文物546处,其中全国重点文物保护单位4处,自治区级文物保护单位18处,县(市)级文物保护单位524处。馆藏文物9167件(套),其中珍贵文物75件。长期以来,塔城地区文物工作在地委、行署的正确领导和上级业务部门的关心支持下,按照"保护为主、抢救第一、合理利用、加强管理"的文物工作方针,认真贯彻落实国家、自治区文物保护的法律、法规和"四有""五纳入"工作,立足本职,开拓进取,在文物保护和博物馆建设工作方面取得了一定的成绩。

塔城地区博物馆于2008年成立,现地址位于塔城市文化路18号,总建筑面积4390平方米,展览面积3832平方米。馆藏文物8078件,种类有化石、陶器、石器、铁器、铜器、瓷器、造像、纺织品、皮制品、手工艺品等。展览内容分为"塔城地区历史文物"展、"和谐家园"民俗展、"永远的丰碑"塔城爱国历史教育陈列展和临时展。塔城地区博物馆开放至今,接待社会各界观众240余万人次,先后被命名为自治区爱国主义教育基地、花园式单位、平安单位、民族团结示范基地、国家三级博物馆，华侨文化交流基地。

　　博物馆是重要的公共文化宣传教育阵地，承担着传播文明、促进交流融合的功能。塔城地区博物馆作为塔城地区文化事业发展的重要载体、宣传塔城的文化窗口、了解塔城的社会平台，将始终坚持"证史、资政、育人"的工作方针，不断丰富馆藏内容、提升展览水平、创新机制建设、优化服务质量、扩展对外交流，为宣传展示历史文化、弘扬传承中华文明、铸牢各族群众中华民族共同体意识发挥重要作用！

　　欢迎更多人士来到塔城，来到博物馆，走进博物馆，探寻历史，了解塔城！

塔城地区文化体育广播电视和旅游局党组成员
濮传达
塔城地区博物馆馆长

塔城历史沿革

　　塔城地区位于新疆维吾尔自治区西北、伊犁哈萨克自治州的中部,西北与哈萨克斯坦共和国相接壤。塔城以塔尔巴哈台山而负有盛名,处于准噶尔盆地西部山地与天山之间,面积约10.54万平方千米,辖三市、三县、一自治县(塔城市、乌苏市、沙湾市、额敏县、裕民县、托里县、和布克赛尔蒙古自治县)。境内还有新疆生产建设兵团第七、八、九、十师所属的36个农垦团场。区内聚居着汉、哈萨克、维吾尔、蒙古、达斡尔、回、柯尔克孜、锡伯、俄罗斯等29个民族。

　　塔城山地草原资源优越,有着悠久的游牧历史文化。和什托洛盖骆驼石旧石器遗址,是新疆境内年代最早的人类活动遗迹之一。公元前7世纪的塞种人,汉代的匈奴、乌孙,隋唐时期的突厥、铁勒、葛逻禄、黠戛斯人等都相继在这里游牧,留下了多彩的草原文化遗迹。658年唐朝政府在昆陵都护府下设的阴山、匐延、玄池、盐泊等州都督府都在今塔城辖区境内,702年唐朝设北庭都护府。

　　辽宗室耶律大石西迁至叶密里(今额敏县境),修筑城堡,游牧耕作,休养生息。1132年耶律大石自封"天佑皇帝",建都叶密里城,史称"西辽"。此后,耶律大石率军开疆扩土,使西辽王朝盛极一时。

　　1206年,成吉思汗统一蒙古诸部。1219—1224年,成吉思汗征服了整个中亚。1225年,成吉思汗分封诸子,三子窝阔台占据阿尔泰山以西和塔尔巴哈台山一带,其政治中心为也密里(今额敏县境)。14世纪初期,窝阔台汗海都和察合台汗都哇的

带你走进博物馆

叛乱结束,随着海都去世,窝阔台汗国的领地逐渐被察合台汗国兼并,塔城地区时为察合台汗国属地。1347年,察合台汗国分裂,塔城地区属东察合台汗国领地。

16世纪初期,东察合台汗国与瓦剌争夺天山以北地区,瓦剌多次获胜,逐渐占领天山以北地区。塔城地区逐渐成为土尔扈特部的游牧地。此后,准噶尔部日渐强大。土尔扈特部西迁伏尔加河。1635年,巴图尔洪台吉成为准噶尔部首领,卫拉特各部皆归附于巴图尔洪台吉。1640年,西蒙古卫拉特四部与东蒙古喀尔喀部首领,在塔尔巴哈台会盟,制定《蒙古卫拉特法典》,意义在于调整东西部蒙古关系。清朝建立后,准噶尔部首领巴图尔洪台吉和僧格都曾多次遣使朝贡,成为清朝藩属。

1757年,清朝平定准噶尔势力,统一西北广大地区。乾隆二十三年至二十四年（1758—1759年）,清政府平定大小和卓叛乱后,加强了在新疆的行政管理,将伊犁、迪化（今乌鲁木齐）、塔尔巴哈台、喀什噶尔（今喀什）列为四大重镇,分别由品级较高的将军、都统、参赞大臣领军驻防。塔城成为清政府在新疆设立的"四镇"之一,这充分说明了其战略地位的重要。

1763年,清政府在雅尔（今哈萨克斯坦乌尔扎尔地区）设塔尔巴哈台军台,主要官员设置65员。次年,修筑肇丰城,设塔尔巴哈台参赞大臣驻防。因雅尔冬季雪厚,夏季多白蝇叮咬,军士不堪其苦。遂至1766年,新任塔尔巴哈台参赞大臣阿桂决定驻地东移,移至今塔城市区筑城,乾隆帝赐名塔尔巴哈台"绥靖"城,史称"老城"。清光绪十四年（1888年）,设置塔城直隶厅,隶属伊塔道。1889年在原城址东南1千米处,重建"塔尔巴哈台绥靖城",1891年建成,又

称"新城"（今地区客运站、电视台处）。

1771年，土尔扈特人为摆脱沙俄压迫，在首领渥巴锡（阿玉奇汗之曾孙）的带领下东归，土尔扈特人浴血奋战，义无反顾。三万三千多户的土尔扈特人，离开了他们寄居将近一个半世纪的异乡，用他们的话说："到东方去、到太阳升起的地方去寻找新的生活。"从伏尔加河流域冲破沙俄军队围追堵截，他们战胜了难以想象的艰难困苦，承受了极大的牺牲，终于实现了东归壮举，胜利返回祖国。九死一生回归祖国的土尔扈特部进入伊犁、塔城。根据史料记载，当时17万土尔扈特人，经过一路的恶战，加上疾病和饥饿的困扰，"其至伊犁者，仅以半计"。清政府册封土尔扈特部主要首领之一的策伯克多尔济为和硕亲王，命其统领三旗部众驻牧于和布克赛尔（今和布克赛尔蒙古自治县），巴木巴尔领两旗部众驻牧于库尔喀喇乌苏（今乌苏市），并周济大批粮食、衣物、牲畜，让他们在此繁衍生息。土尔扈特部的回归为巩固中华统一的多民族国家，写下了可歌可泣的光辉篇章。

1809年，俄国布赫塔尔玛等地商队，携带俄货抵达塔城从事边境贸易，收购本地大批珍贵兽皮、羊毛、土特产等。使得塔城成为俄国与中国开展贸易的新兴商埠之一。1851年，清政府与俄国签订了《中俄伊塔通商章程》，塔城正式成为对外开放的商埠。清政府的西大门开始向西方敞开。

1895年，迪化（今乌鲁木齐）—库尔喀喇乌苏—塔城有线电讯线路竣工，并与俄国边境巴克特电讯线路接通，使塔城的军政情报和商务信息传递速度加快。1912年，伊犁革命党人响应"辛亥革命"起义成功。起义军与省城清军激战后对峙于乌苏。

同年6月，双方在塔城和谈，议定了11条协议。从此，新疆全省承认共和。1913年，北洋政府改塔城直隶厅为塔城县，隶属伊塔道。1916年，伊塔道又改为伊犁、塔城两道。1929年塔城道正式更名为塔城行政区。

1933年，被日军残酷围剿退入苏联境内的东北抗日义勇军将士及家属3万多人，转道从巴克图回国。塔城各族人民倾城出动，欢迎抗日将士，捐钱献物，接待抗日英雄归来。1938—1945年，塔城地区各族各界民众慷慨捐献大量金银首饰、钱财、衣物、数千匹战马，并捐献14架战斗机，支援抗日前线。

1943年，国民政府将塔城行政区改称塔城专区。1949年10月2日，塔城专区各族各界人民召开庆祝中华人民共和国成立大会，给毛泽东主席致贺电，表示坚决拥护中央人民政府，拥护《共同纲领》，为建设新民主主义的新疆而奋斗。

从20世纪50年代初至70年代，新疆生产建设兵团第七师、第八师、第九师、第十师进驻塔城地区，屯垦戍边，建场办厂。20世纪90年代至今，在塔城地区境内共有新疆生产建设兵团的36个农牧团场。军垦、农垦事业发展促进了塔城地区的经济建设和社会进步。在国家大规模的建设开发中，塔城地区所属的克拉玛依、独山子、石河子、奎屯等市区相继从行政辖区划出。塔城地区从国家大局出发，从土地、水源、粮油、蔬菜、肉食和人员上积极支援这些市区的开发建设。

1978年党的十一届三中全会后，塔城地区坚持改革开放方针，进入社会主义建设新时期。1979年6月，塔城地区革命委员会更名为伊犁哈萨克自治州塔城地区行政公署，并沿袭至今。1990年10月，经自治区

人民政府批准，塔城地区巴克图口岸临时开放。1994年3月14日，巴克图口岸被国家批准为一类口岸。1994年，塔城民航新机场建成，9月试航成功，1995年9月正式通航。1995年7月1日，巴克图口岸建成国家一类口岸，正式对第三国人员、运输工具及货物开放。

伴随着巴克图口岸的开放，一个更具活力的塔城已经展现在世人面前。今天，塔城人民认真贯彻落实习近平新时代中国特色社会主义思想，落实党中央治疆方略，围绕社会稳定和长治久安新疆工作总目标，正以更加饱满的热情书写塔城历史的新篇章！

塔城地区博物馆概况

塔城地区博物馆于2005年成立,地址在塔城市团结路文化中心。2005年投资40余万元在文化中心二楼设立了面积为300平方米左右的展厅。主要展出塔城地区历史文化和民族民俗等基本展览,是现在塔城地区博物馆的前身。

塔城历史悠久,文化底蕴丰厚,为充分展示地区的文化特色,保护珍贵的文化

塔城地区博物馆全景

TACHENG MUSEUM

历史文物展厅

遗产，推动地区旅游业的发展，2006年初，地委、行署决定，对位于塔城市解放北路的现为全国重点文物保护单位——红楼进行扩建和修缮。按照"修旧如旧"的原则，新建俄式风格的两层展厅一座，负一层为500平方米的文物库房。新建展厅总面积1789平方米，修缮红楼面积2043平方米，使新旧两楼风格一致，浑然一体，蔚为大观，并命名为塔城红楼博物馆。

在完成修缮和扩建工程后，于2008年3月31日正式开馆，同年7月，正式更名为塔城地区博物馆。本馆是目前塔城地区唯一一座综合性博物馆。馆内推出了"塔城地区历史文物""和谐家园""风雨彩虹——塔城爱国历史教育陈列展"三个陈列展览，分别从历史、民族以及当代不同角度呈现

带你走进博物馆

塔城的过去和现在，展示塔城各民族丰富多彩的传统文化。

作为塔城地区博物馆的主体建筑，红楼有着近百年的沧桑历程。红楼始建于清宣统二年（1910年），并在2006年被列为全国重点文物保护单位。清末，俄国喀山塔塔尔族商人热玛赞·坎尼雪夫来塔城经商，选择塔城城北三角地块，聘请俄国设计、监工人员及塔城优秀工匠，选用上好材料，于1910年开始兴建，1914年竣工，建筑面积2043平方米，分上下两层，大小房屋16间。其天棚地板、门框窗棂均砌有美丽的图案，绿色铁皮为顶，极具俄罗斯建筑风格，因临街墙面呈铁锈红色，故称之为红楼。2016年，塔城地区文物局争取国家资金对红楼再次进行修缮（塔城红楼修缮工程），并于2017年对"风雨彩虹——塔城爱国历史教育陈列展"重新进行陈列布展，2018年4月，塔城地区博物馆再次恢复对公众开放。

塔城地区博物馆，集独特的建筑风格、丰富的文化内涵、现代化的陈展形式于一体，为塔城各族人民，以及到塔城观光旅游、创业发展的国内外友人提供了一个感悟塔城悠久历史文化、体验独特民族风情、了解塔城发展成就的平台。通过塔城地区博物馆的展览，让更多人了解塔城，走进塔城，感受塔城，热爱塔城。

塔城地区文物资源概况

　　塔城地区通过第三次全国文物普查，共有文物点546处。目前，全地区现有全国重点文物保护单位4处、自治区级文物保护单位18处，全国重点文物保护单位和自治区级文物保护单位都划定了保护范围和控制地带、设立保护单位标志牌、记录档案及管理机构和野外看护员。公布县（市）级不可移动文物保护单位524处（含三普后新增27处），其中市级文物保护单位103处，县级文物保护单位403处，未核定公布为文物保护单位的不可移动文物18处。按不可移动文物点类型可分为古遗址36处、古墓葬405处、古建筑4处、近现代重要史迹及代表性建筑24处、石窟寺及石刻54处、其他1处。

　　近年来，塔城地区地委行署高度重视博物馆建设和发展，为此地区及各县（市）博物馆建设工作呈现良好态势，目前塔城地区备案登记博物馆共有10座，分别为塔城地区博物馆、塔城市博物馆（包括俄罗斯民俗展馆、塔城市手风琴博物馆、口岸文化展示馆、美术馆）、额敏县博物馆、托里县博物馆、裕民县博物馆、裕民县巴什拜爱国主义教育展览馆、和布克赛尔县王爷府博物馆、和布克赛尔县江格尔博物馆、乌苏市博物馆、沙湾县博物馆。

　　全地区可移动馆藏文物共9167件(套)，其中县市合计1089件（套），地区博物馆8078件（套）。全区珍贵文物114件（其中一级文物7件、二级文物29件、三级文物78件）。

　　塔城地区博物馆是塔城地区综合性

塔城地区博物馆

博物馆，位于塔城市文化路18号，占地面积为4390平方米，展厅面积3832平方米，塔城地区有着丰厚的历史文化底蕴，目前馆藏文物8078件（套），其中珍贵文物49件（套），其中一级文物6件（套），二级文物21件（套），三级文物22件（套）。

带你走进博物馆

馆藏精品

一 陶器

塔城地区青铜时代遗址中，陶器有代表性的有塔城下卡浪古尔遗址和乌苏安集海墓地。1988—1991年在塔城市下卡浪古尔遗址考古调查时采集有各种刻划纹陶片，纹饰有十字交叉纹、菱格纹、麦粒纹等，排列整齐，具有一种朴素美；1995年8－9月，新疆文物考古研究所发掘乌苏安集海墓地，该遗址1号墓与2号墓中共出土6件陶器，陶器器形与天山北麓伊犁、哈密地区出土陶罐相似。

1.陶片

青铜时代（公元前2000－前1000年），下卡浪古尔遗址采集，均为夹砂灰褐陶质，其中（1）口沿刻划有十字交叉纹。残长10.2、残宽7、厚0.8厘米；（2）器表刻画有菱格纹。残长6.8、残宽4.4、厚0.8厘米；（3）器表戳印有麦粒纹。长7.2、宽6.5、厚1厘米；（4）长4.4、宽3、厚0.5厘米。

2.红衣四口陶壶

春秋（公元前800年左右）。塔城市下卡浪古尔村采集。体型巨大，手制。夹砂红陶。圆口，口稍敞，平沿，短领，斜肩，鼓腹下斜，小平底。领下有一圈凸棱饰，在肩部有三个基本呈三角形分布的小口，小口直

陶 片

带你走进博物馆

红衣四口陶壶

口直领，孔径7厘米。器表打磨，饰红色陶衣。颈肩交接处为一圈附加堆纹。高36、最大腹径46、口径16.5、底径15厘米。

3.单耳带流彩陶罐

单耳带流彩陶罐

春秋战国（公元前800－前200年）。1995年乌苏安集海墓地M1出土。夹砂红陶。手制。器表饰红衣，赭红色。敞口，圆唇，宽流上翘，高领，鼓腹，颈肩耳，小平底。高38、口径17、底径8、流宽5、流长4、腹径31厘米。口沿至肩部见三组连续三角纹，颈肩交接处为一圈附加堆纹，其上刻划有短斜线纹。器表见黑色烟炱痕。

4.双耳罐

春秋战国（公元前800－前200年）。1995年乌苏安集海墓地M1出土。夹砂红

双耳罐

| 单耳杯2 | 单耳罐 |

陶。手制。侈口,高颈,肩部各一耳,鼓腹下垂,小平底。高37、口径11、最大腹径26、底径6厘米。

5.单耳圜底罐

春秋战国(公元前800－前200年)。1995年乌苏安集海墓地M2出土。夹砂红陶。直口,微鼓腹,单耳,圜底。高16、口径11.5厘米。

6.单耳杯1(残)

春秋战国(公元前800－前200年)。1995年乌苏安集海墓地M2出土。夹砂灰陶,手制。直口,折腹,圜底,单耳。口径8.2、

高8.5厘米。

7.单耳杯2

春秋战国(公元前800－前200年)。1995年乌苏安集海墓地M2出土。夹砂黑陶,手制。敞口,束颈,鼓腹,单耳,圜底。口径6.5、高6.8厘米。

8.单耳罐

春秋战国(公元前800－前200年)。1995年乌苏安集海墓地M2出土。夹砂红陶,手制。饰红色陶衣,器表见黑色烟炱痕。敛口,鼓腹,单耳,圜底。口径10.3、高14.4厘米。

带你走进博物馆

二 石器

2004年，一批中外旧石器考古学家在和什托洛盖河流域的骆驼石一带，发现了一处重要的旧石器时代晚期的遗址。遗址面积较大，石片分布广泛，采集到大量的打制石器。遗址的年代初步推测在旧石器时代晚期，是新疆目前发现的石器散布面积最大的旧石器遗址，采集的石制品具有勒瓦娄哇打制石器技术特点。

1992年考古学者在玛纳斯河下游的克拉玛依细石器时代遗址（距今6000－4000年)，采集有石核、石叶、刮削器、尖状器等。

1. 石片1

旧石器时代晚期（距今3万年左右）。2006年和布克赛尔县骆驼石旧石器遗址采集。长15.6、宽12.5、厚6厘米。

2. 石片2

旧石器时代晚期（距今3万年左右）。2006年和布克赛尔县骆驼石旧石器遗址采集。长15.5、宽9.9、厚5厘米。

3. 石片3

旧石器时代晚期（距今3万年左右）。

石片1

石片2

2006年和布克赛尔县骆驼石旧石器遗址采集。长18、宽11.3、厚5.7厘米。

4. 鸟啄形尖状器

细石器时代（距今6000年左右）。克拉玛依细石器时代遗址采集。通体红褐色，呈鸟啄形。长1.5、宽1.1厘米。

5. 复刃刮削器

细石器时代（距今6000年左右）。克拉玛依细石器时代遗址采集。通体红褐色。整体呈三角形，一面较厚，两面较锋利。长3、宽3厘米。

鸟啄形尖状器

6. 石核

细石器时代（距今6000年左右）。克拉玛依细石器时代遗址采集。整体呈不规则的柱体，一周有压剥石叶等痕迹。长2.4、

石片3

石　核

宽1.2、高1.3厘米。

三　铜器

塔城地区铜器种类较丰富，主要有铜镰、铜矛、铜锛、铜斧等，年代自青铜时代至早期铁器时代均有发现。塔城卫校遗址出土的青铜时代铜镰、管銎铜斧、有段铜锛等均具有明显的安德罗诺沃文化特点，与新疆阿勒泰、昌吉、伊犁等地出土青铜器多有相似。

1.铜镰1

青铜时代（公元前2000－前1000年）。塔城地区卫校石棺墓采集。弧背，刃部形状不清，镰柄呈弧状，有一圆形孔，刃部残。长23.5、宽4.3厘米。

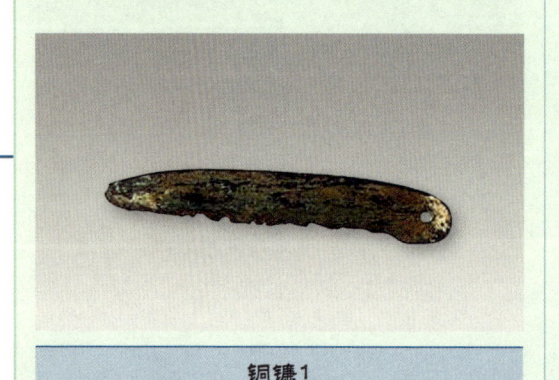

2.铜镰2

青铜时代（公元前2000－前1000年）。塔城地区卫校石棺墓采集。弧背、凹刃，镰柄有一圆孔，刃部残损，镰柄呈直线形。长22.5、宽4.5厘米。

3.铜镰3

青铜时代（公元前2000－前1000年）。塔城市造纸厂出土。小柄，弧背，直刃，柄端有一方圆形孔。长14.1、宽2.5、柄长3.4厘米。

4.有段铜锛1

青铜时代（公元前2000－前1000年）。

铜镰1

铜镰2

铜镰3

塔城地区卫校石棺墓出土。镰上小下大，长方形直铤，刃部弧状。长17、宽5.2、最厚1.8厘米。

5.有段铜锛2

青铜时代（公元前2000－前1000年）。塔城地区卫校石棺墓出土。长方形竖柄，

有段铜锛2

锛平面略呈梯形，刃部弧形，刃部有使用的痕迹。长13.5、最宽5、最厚1.7厘米。

6.麦穗纹战斧

青铜时代（公元前2000－前1000年）。托里乌雪特乡征集。铸制。体较长，似鸟头长喙状，弧形刃，椭圆形管銎，管銎部器表

有段铜锛1

麦穗纹战斧

饰麦穗纹。长25.2、宽7.5、鋬最大径4.6、斧身长15.6、刃宽5.2厘米。

7.管鋬铜战斧

青铜时代（公元前2000－前1000年）。托里乌雪特乡村民捐赠。铸制。斧身呈长方形，似鸟头长喙状，弧形刃，椭圆形管鋬。长23.5、宽7、鋬最大径4.5、斧身长16.2、刃宽3.3厘米。

8.环首马头铜短剑

战国（公元前475－前221年）。刃部略呈弧形，剑柄与剑格饰以蛇纹，蛇信于剑刃中部，柄端以马头装饰，并附有一圆环。长33.5、宽3.5厘米。

9.铜矛

春秋战国（公元前700－前200年）。塔城市也门勒乡三工村夏笃岱捐赠。矛身呈柳叶状，端头残，矛铤略呈长方形，矛的上下两面中部有一突脊至柄部。长22、宽4厘米。

10.双刃铜剑

春秋战国（公元前700－前200年）。塔城市也门勒乡喀拉喀什队二队征集。剑

管鋬铜战斧

双刃铜剑

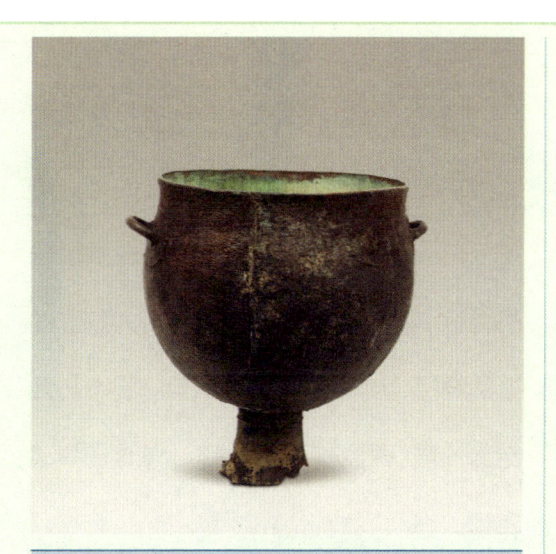

四 铁器

塔城地区铁器数量较少，锁子甲、铁护臂、头盔、铁短剑等均反映出北方草原地区武器风格。

1. 锁子甲

明代（1368－1644年）。塔城地区和布克赛尔蒙古自治县征集。锁子甲套头小立领，翻领，直筒状，短袖，前下摆开口，用圆形铁环套结而成，袖与衣服成一体。长85、宽57厘米。

铜鍑

身呈三角形，顶端为半圆形装饰，通体起脊，脊为草叶纹。长25.5、宽5.4厘米。

11. 铜鍑

春秋战国（公元前700－前200年）。铸制，稍残。敞口，矮领微束，双耳，鼓腹，喇叭状圈足。颈肩部左右各一横柱状耳。高36、口径30、足高10.5、足径13厘米。器表有范铸痕迹。

锁子甲

2. 铁护臂

明代（1368－1644年）。塔城地区和布克赛尔蒙古自治县征集。护臂主体大致呈长方形，下部小，上部稍大呈弧状，内凹。在护臂的上、下端及中部钉有一层鎏金铜片，铜片上纹饰是鎏金花草纹，纹饰宽1.5－3.5厘米。在护臂一侧是网状结成的扣，无系带。护臂长31、宽8厘米。

3. 头盔

明代（1368－1644年）。塔城地区和布克赛尔蒙古自治县征集。半圆形铁帽，顶部包有一圈铜坠饰，帽沿下贴有一层铜诏书，刻划有花草纹，之间有十二组大致呈菱形的铜片，也有纹饰，帽沿下有一圈圆孔套结着护帽，两侧有系带。高37.5、直径19.3厘米。

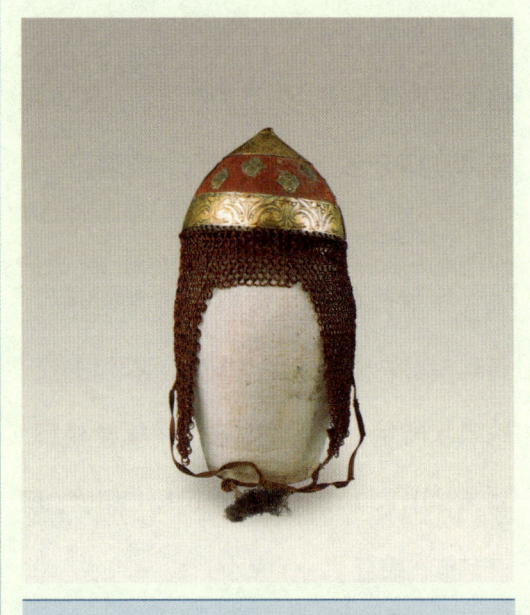

铁护臂

头　盔

五　石人

目前保存在塔城地区最多的是隋唐时期的草原石人，有10多尊。

1. 石人1

隋唐（581－907年）。塔城地区额敏县采集。圆头披发，大眼大鼻，两颊突出，八字胡，大耳下坠圆形坠饰，颈部有项饰似有缀物。着大翻领服，衣窄袖，右手至上腹持杯，左手至下腹握一短剑。右侧腰部系一圆形袋囊，下有两条缀饰。背部有残。高135、宽43、厚30厘米。

2. 石人2

隋唐（581－907年）。塔城地区托里县库甫乡浪古图村古墓群采集。石人由扁状石头雕凿而成，圆头，中分发式，高鼻深目，八字胡，戴耳饰，颈肩分明，右手举至胸前持一杯，左手握一短剑，有剑鞘，着大翻领筒状袍服，腰部系腰带，腰带右侧佩一囊袋和方形磨刀石，窄袖窄裤，穿靴子，双脚呈一字形，脚尖朝外，脚跟并拢。高194、肩宽63、厚25厘米。

3. 石人3

隋唐（581－907年）。塔城地区额敏县采集。用天然长圆形石头雕凿而成，仅雕出面部。圆头、大眼，颧骨突出，大鼻有翼，凿出鼻孔，八字胡，颈部挂有项链并佩坠饰。高78、宽32、厚22厘米。

石人3

基本陈列

塔城地区博物馆拥有3个常设展厅，包括"塔城地区历史文物""和谐家园""风雨彩虹——塔城爱国历史教育陈列展"，在塔城地区是唯一一座综合性博物馆。

一 塔城地区历史文物

"塔城地区历史文物"陈列展出面积近600平方米。按照塔城地区社会历史发展进程，依次分为塔山的历史黎明、塔山青铜时代文化、塔山的游牧文明、塔山岩刻画艺术、塔山草原的突厥石人、塔山古道烈风黄金、塔山修新城 边陲换新颜、塔城藏传佛教的传播历史八大部分。

展厅以实物陈列为主，以丰富的历史文物反映相关的历史印记。其内容不仅展现了塔城历史的概貌和丰富内涵，而且突出展现了塔城的民俗与地区特色。陈列形式设计突破传统的通史陈列展示形式，运用单元主题等新的设计理念，为八大部分的内容设计了不同的展示空间。

1. 塔山的历史黎明（距今1万年）

1992年曾在玛纳斯河下游古河道上发现了一些细石器，经考古研究将塔尔巴哈台山一带人类活动的时间推到公元前2000年前。2004年考古学家又在和什托洛盖河流域的骆驼石一带，采集到旧石器

猛犸象化石1

时代晚期的石制品,由此将人类进入这片沃土的时间推到了距今3万年。旧石器时代的塔尔巴哈台山一带气候非常寒冷,居民主要以狩猎猛犸象为生。细石器是狩猎经济发展的产物,居民主要是用弓箭来射杀野生动物。该化石地质年代属晚更新世时期,猛犸象的发现说明当时气候非常寒冷,这时进入塔城地区的居民,以狩猎为生。猛犸象可能是他们获取的主要动物之一。

2004年在和什托洛盖河流域的骆驼石一带,发现了一个重要的旧石器时代遗址。因附近有座风蚀的、形似卧状骆驼的小山,学者们称它为骆驼石旧石器遗址。遗址面积很大,石片分布广泛,采集到大量的打制石器。这个遗址的年代,初步推测不晚于距今3万年,是新疆目前发现的最早的旧石器遗址之一。

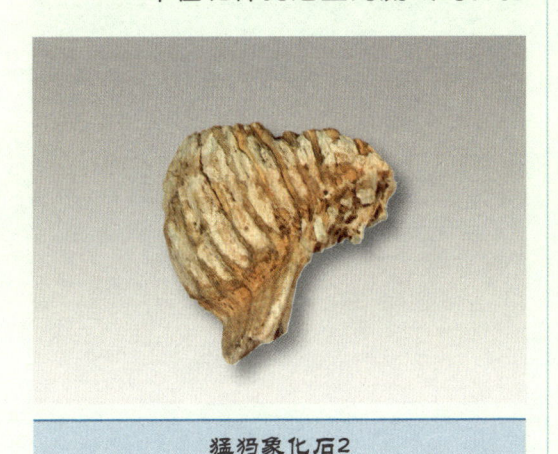

2.塔山青铜时代文化(公元前2000－前1000年)

(1)塔山青铜时代文明

塔山居民从石器时代走出来,迎来了青铜时代的文明。塔山山间、盆地的潺潺流水,非常适宜发展农业经济。这一时期出现了以塔城市萨孜遗址和卫校石棺墓为代表的考古文化。同时代的遗迹还有塔城市的下喀浪古尔遗址、森塔斯鹿石,裕民县沙尔布拉克遗址,托里县的萨孜古墓,额敏县的杰拉阿尕什遗址等。

猛犸象化石2

塔城地区博物馆

石臼 石杵	马鞍形石磨盘
铜铲	铜斧
环首铜剑	铜矛

萨孜—卫校文化遗址和墓葬的陶器和陶片，以刻划纹、压印纹为主，兼有素面。石器有石磨盘、石杵和石斧。铜器很发达，有铜镰、铜锛和铜斧等。居民开始了锄耕农业，保持着传统的狩猎，饲养着马和羊等家畜，逐渐骑上了马背。萨孜—卫校文化与南西伯利亚、哈萨克斯坦境内的安德罗诺沃文化非常地相似，它们之间有着密切的渊源上的关系。

(2) 萨孜—卫校文化

考古学家在准噶尔西部山地，发现的青铜时代遗迹不多。1990年在塔城市卫校墓地发掘了19座古墓，1994年在托里县喀拉托别乡萨孜墓地发掘了四座古墓。同时，在塔城市还发现了萨孜和下喀浪古尔遗址及一些采集的青铜器。墓葬和遗址的出土遗物，采集的青铜器，它们的时间相近、文化内涵相似，都是典型的青铜时代遗物，有石器、陶器和铜器等。按着考古的习惯，称它们是萨孜—卫校文化。

(3) 卫校古墓

卫校古墓在塔城市卫校大院内，与二宫镇萨孜遗址隔河相望，形成了一个大型的聚落遗址。墓葬以石棺墓为主，大的石

萨孜—卫校文化遗址全景

陶　片

石杵

砍砸器

棺板长2、宽1米，上面还覆盖着石板。20多座石棺墓呈东西排列，地表或平、或显现出微微凸起的卵石、黄土小包。其次是用卵石修建的石室墓，墓室平面呈熨斗形、椭圆形等。这里出土了许多青铜器：铜斧、铜锛、铜镰等，还发现有石磨盘、石杵、石斧和陶片等。

(4) 下喀浪古尔遗址

遗址在塔城市下喀浪古尔河东岸台地上，面积5000平方米。地势平坦，散布着石料及石器、陶片、兽牙、人骨等。1988－1991年调查时采集有细石器、石磨盘、石斧、石杵等石器，发现一件红衣四口陶壶。陶片以夹砂褐灰陶为主，饰有刻划的十字交叉纹、网纹、压印纹等。

3. 塔山的游牧文明（公元前1000－前200年）

随着青铜时代狩猎－农业经济的发展，塔山居民学会了畜牧业，踏着亚欧草原游牧经济发展的进程，逐渐地步入了游牧文

铜矛

明。最早进入塔山的游牧居民，有可能是塞种人，这从额敏县出土的青铜锓，可以看到他们活动的踪迹。

在乌苏市小安集海、四棵树古墓，发掘出土了一批材料，时代在公元前7-2世纪。墓葬中出土了铁器、金器、陶器等,有人认为与塞种文化关系密切。塞种人曾出现在中西方史料，其主要发祥地在中亚锡尔河以北、南西伯利亚以南的广大草原。不过，月氏人、乌孙人也曾在这里生活过，匈奴人的统治也曾到达过这一带，他们都在历史进程中创造了多彩的草原游牧民族文化。

汉与乌孙的联姻，在西域历史上一直传为佳话。江都王刘建之女细君公主，楚王刘戊之孙解忧公主，还有解忧公主的侍女冯嫽相继出嫁乌孙，汉公主的远嫁不仅加强了汉与乌孙的联系，在抗击匈奴中起到了作用，同时还带来了中原的先进文化及手工技术，推动了乌孙的经济发展。

4.塔山岩刻画艺术

凿刻在山地岩壁上的图像，人们称它是岩画。这是塔山草原文化的精华之一，

铜　锓

巴尔达库尔山岩画（一）

塔城地区博物馆

巴尔达库尔山岩画（二）

巴尔达库尔山岩画（三）

岩石好似画页，用坚硬的工具将他们的生活、生产、宗教观念都深深地刻在了上面，画面生动，令人深思。塔城地区共发现岩画28处，是游牧居民的杰作。塔山最出名的是巴尔达库尔山岩画，位于裕民县西南25千米处。画面有生殖崇拜图、狼羊图、单人图、狗捕羚羊图、舞蹈图、牧羊图、骑牛图等。生殖崇拜图表现了男女媾合的画面，

寄托着居民对自身繁衍的深切愿望。

5.塔山草原的隋唐石人

人们走进塔山山地，深入到广阔的草原，会看到许许多多的石人静默伫立在墓地的前面。它们或为圆雕，非常高大；或为浮雕，刻出了人的脸部及手臂，非常古朴，寓意深奥。它显现了古代居民灵魂不死的信念、蕴含着坚韧不拔的气质和永恒的精神寄托。

今天保存在塔山最多的是隋唐时期的草原石人，有10余尊。新疆草原石人是构成亚欧草原石人链条的一个有趣的环节，分布在阿尔泰山、天山，以及准噶尔西部山地的草原上，璀璨闪烁，展示着新疆草原文化特异的风貌。石人文化内涵丰富，寄托着居民对死者的怀念，保留着祖先崇拜的思想及祈求祖先保护的含义。

6.塔山古道、烈风、黄金

以细石器为代表的考古文化，研究认为可能是从东面来的，因为有着非几何形细石器文化的特点。青铜时代塔山的文化，表现了欧亚北部草原文化的特点，同时，这

石 人

马尼王皮裤

摩羯首银号

支文化有由北向南发展的趋势。

　　塔山早期历史的记载是模糊的，有人推测公元前7世纪的黄金之路要经过塔山一带，斯基泰人从事黄金贸易，控制着亚欧草原从东向西的道路。在这条黄金路上有一个叫"烈风"的地方，可能就是今天的大风口。同时历史上也有一些明确的记载，丝路北道、碎叶路，以及大北道等都要经过塔城地区境内。

　　7. 塔山修新城　边陲换新颜（1644－1911年）

　　塔城建城的历史，要从12世纪初西辽开国皇帝耶律大石在今额敏县建也密里城说起，也密里故址位于额敏县城东北17.5千米处。分布在东西2426、南北138－242米的范围内。也密里城最早为西辽耶律大石所建，后为元代宗王昔里吉的"汤沐之地"，这就是现今所知塔城境内年代最早的古城，在一段时期内曾是西辽王朝的政治中心。

　　在塔城境内的和布克赛尔县也有一座古城，呈方形，墙垣边长414米。名叫道尔本厄鲁特森木古城。道尔本厄鲁特森木古城遗址位于和布克赛尔蒙古自治县城东北5千米，占地面积16.81万平方米。该城四周水草丰茂，据历史资料记载，此城兴建于明崇祯十二至十六年（1636－1643年），曾一度为准噶尔汗国的政治活动中心。道尔本厄鲁特森木为蒙古语"四个厄鲁特奇"之意。它一度是准噶尔汗国的政治活

动中心，准噶尔汗王巴图尔洪台吉的王庭。1640年在这里召开了喀尔喀部和卫拉特部王公的丘尔干（蒙语，会议、会盟之意），并制定了《蒙古—卫拉特法典》。

　　1764年清朝政府曾在塔尔巴哈台建肇丰城，地点在今哈萨克斯坦境内。1766年在今天的塔城市建绥靖城，1864年毁于战火。1888年清朝政府又在绥靖城废址

塔尔巴哈合城遗址

附近修起新城，根据《塔城市志》记载，此城是在老绥靖城毁于战火后，于光绪十五年（1889年）重建，故称新城。由于城内多居住锡伯、达斡尔、满族士兵，故又称满城。古城呈长方形，周长约2500米，成为塔城直隶厅治所。

　　8.藏传佛教在塔城地区的传播历史

　　佛教自7世纪传入西藏地区后，与西藏的原始宗教——苯教经过长期的冲突和融合，至10世纪中叶，形成了以佛教教义为基础，具有西藏特点的藏传佛教。15世纪

重建塔尔巴哈合刻文门板

由宗喀巴创立的藏传佛教格鲁派（俗称"黄教""喇嘛教"）兴起，并于明末传入蒙古各部，西域最早信仰喇嘛教的民族是卫拉特蒙古。根据相关史料记载：

大约在明万历三十八年（1610年），土尔扈特部首领向卫拉特盟主提出信奉格鲁派喇嘛教的建议，卫拉特盟主派人越昆仑山赴拉萨邀格鲁派代表到卫拉特蒙古地区传教。

1640年，漠西卫拉特蒙古各部与漠北喀尔喀蒙古各部首领在塔尔巴哈台（今新疆塔城）举行会盟，通过了著名的《蒙古·卫拉特法典》，规定黄教为蒙古各部共同信仰的宗教。在卫拉特蒙古政权的支持之下，黄教得到迅速发展。巴图尔浑台吉时，在今塔城地区和布克赛尔修建了四座土木结构的寺庙。在此之前，寺庙都是蒙古包的形式（称为"库伦"）。

1771年，土尔扈特部回归祖国后，清政府在土尔扈特部建立了两个活佛转世系统，其中一个由青海塔尔寺派驻土尔扈特部传教的夏立宛呼图克图，他的庙在今和布克赛尔。

19世纪末20世纪初，清政府为了安定边疆，拨出大量专款，在蒙古族集中的地区修建了一系列土木结构的寺庙，其中就有乌苏的黄庙、和布克赛尔的喇嘛庙。

清光绪十二年至十四年（1886－1888年），土尔扈特六世郡王巴雅尔，经伊犁将军核准，在今乌苏市白杨沟镇主持兴建普庆寺，蒙语称为"夏尔苏木"（黄庙之意）。

光绪十五年（1889年），清政府在沙俄的压力下，饬令在阿尔泰等抗俄的承化寺教首棍噶扎勒参率众人移驻今乌苏巴音沟牧场，并于光绪十八年（1892年）筑起新寺"承化寺"，蒙古语称"蔡罕格根库热"即"白活佛庙"之意。

藏传佛教在塔城地区的传播历史已久，目前除蒙古族、满族和锡伯族信奉藏传佛教外，塔城地区的大多数柯尔克孜人也信仰藏传佛教。

9.塔城的藏传佛教金铜造像

作为藏传佛教艺术重要组成部分的造像艺术，它伴随着佛教传入西藏而产生，并伴随着藏传佛教的发展而成熟壮大起来。经过上千年的历史演变与发展，先后吸收了中亚、印度、蒙古和中原汉地等各个地域和民族的神祇，不断融入西藏本土的原始苯教诸神，逐渐形成了具有青藏高原特色的藏传佛教造像风格和艺术流派，成为中国艺术史的重要组成部分。藏传佛教金铜造像按照其宗教内涵、功用，可归纳为祖师、本尊、佛陀、菩萨、佛母、罗汉、护法七类，塔城地区博物馆收藏了除菩萨、罗汉像外的其余五种造像类型。这些佛教艺术品十分精美，大多来源于乌苏的夏尔苏满喇嘛庙，蕴含着丰富的历史、宗教、民族文化和艺术价值，反映了各民族之间在文化上的相互交融。

（1）祖师

祖师是藏传佛教尊奉的有杰出成就的高僧大德，称"喇嘛"，意为"上师"。在藏传佛教各大神系中地位最尊。

①铜鎏金宗喀巴坐像

清代。塔城地区乌苏市四苏木喇嘛庙移交。宗喀巴，原名罗桑扎巴，青海湟中人，生活于14世纪至15世纪初叶，是藏传佛教史上伟大的佛学家，他创造了藏传佛教最大、最有影响力的格鲁教派（俗称黄教）。他被视为文殊菩萨的化生，他的形象也与文殊菩萨相同。这尊宗喀巴像造型饱满，铸造精巧。他头戴桃形尖顶黄帽，两侧护耳垂于肩。着交领袈裟，衣褶丰富。双手于胸前

塔城地区博物馆

结法轮印,并在手心握有两枝莲花花茎,花茎沿手臂升至双肩,右莲托宝剑,左莲托经书。双腿结跏趺坐于莲座上。高16.5、最宽12.5、最厚8.7厘米。

②铜鎏金宗喀巴坐像

清代。这尊宗喀巴像袒右肩,着袈裟。双手当胸结说法印并握莲花茎,左右肩分别托起经书和智慧剑。结跏趺坐于狮子座上(宝座左右两侧有狮子)。宗喀巴坐像手臂左右为两个本尊佛,宝座正前方是宗喀巴大师的三尊化身。这尊造像从镶嵌物和面部特征来看,西藏地区的特

铜鎏金宗喀巴坐像

铜鎏金宗喀巴坐像

铜鎏金持金刚坐像

色比较浓，应是中原地区仿藏区造像而制。通高14、最大宽14.5、最大厚7厘米。

（2）本尊

本尊是藏传佛教神系中独特的一个群体。他的地位在祖师之下，佛之上，地位极高。

①铜鎏金持金刚坐像

明代。塔城地区乌苏市四苏木喇嘛庙移交。持金刚是藏密噶举派崇奉的本初佛，藏密认为是释迦牟尼佛宣说密法时化现的形象，所以又有"秘密主"之称。此尊菩萨装束，头戴五叶宝冠，双颐丰腴，耳珰垂肩。嘴角上扬，面带微笑，神情淡雅沉静。上身披帛带，下着长裙，自然垂于莲台上。宽肩细腰，璎珞、臂钏、手镯均以精细联珠表现，双手交叉于胸前，右手持金刚杵，左手持金刚铃（已失），全跏趺坐于莲座之上。双层束腰莲座，莲瓣细长饱满。高17.7、宽13厘米。

带你走进博物馆

②铜鎏金持金刚坐像

明代。这尊造像头戴五叶宝冠，耳珰垂肩。上身披飘逸的帛带，下着长裙，佩璎珞、臂钏，双手在胸前交叉，右手持金刚杵，左手持金刚铃，全跏趺坐于宝座之上（座已失）。通高11.5、底长7.6、底宽4.5厘米。

(3) 佛陀

在藏传佛教里，常见的佛像有释迦牟尼佛、无量寿佛、药师佛、弥勒佛、五方佛、三十五佛等等。

①铜鎏金释迦牟尼佛坐像

清代。此尊佛像高

铜鎏金持金刚坐像

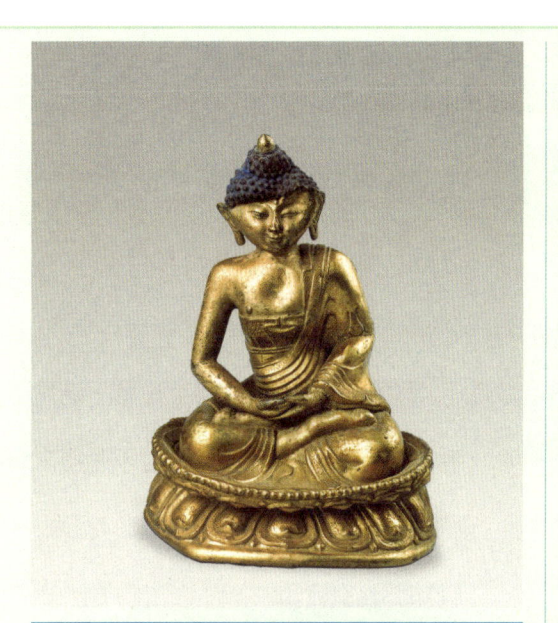

铜鎏金释迦牟尼佛坐像

髻、螺发，双耳垂肩，袒右袈裟，衣褶起伏平缓，自然流畅。双手结禅定印，全跏趺坐于双层束腰莲座之上。通高25、底长18.6、宽13.8厘米。

②铜鎏金药师佛坐像

清代。塔城地区乌苏市四苏木喇嘛庙移交。药师佛全名为药师琉璃光佛，又称药师如来。此尊面相慈祥，仪态庄严，双耳

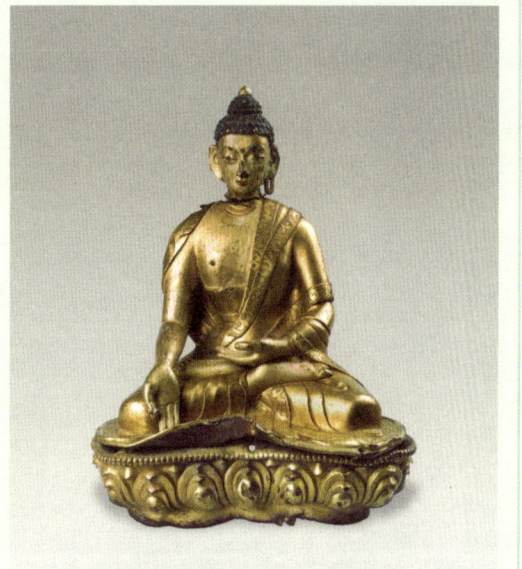

铜鎏金药师佛坐像

垂肩，身穿佛衣，袒胸露右臂，左手在脐前持钵（已失），右手在膝前结与愿印并执药王诃子枝（已失），全跏趺坐于莲座之上。通高24.6、底长19.5、宽15厘米。

③铜鎏金无量寿佛坐像1

明代。无量寿佛是西方极乐世界教主。此像头戴五叶冠，上身袒露，双耳垂肩。饰耳环、项圈、璎珞、臂钏，双手在脐下结定

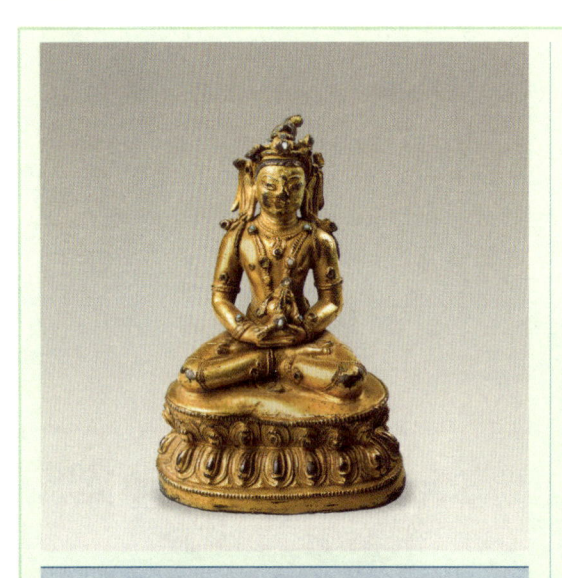

印，手心托长寿宝瓶，全跏趺坐于莲座之上。通高11、底宽4.3、底长8厘米。

④铜鎏金无量寿佛坐像2

清代。无量寿佛是西方极乐世界教主。此像头戴五叶冠，上身袒露，双耳垂肩。饰耳环、项圈、璎珞、臂钏，双手在脐下结定印，手心托长寿宝瓶，全跏趺坐于莲座之上。通高14.5、最大宽8.4、最大厚5.4厘米。

(4) 佛母、空行母

佛母，为诸佛菩萨之母，喻指佛、菩萨的智慧。是密教思想高度拟人化的艺术形式。装饰与菩萨一样，身躯呈"S"形，即所谓三折枝形，造像比例匀称，形态优美，其面容妩媚恬静，是藏传佛教艺术造像中最动人的艺术形象。

空行母，是藏传佛教中一类特殊的女神。其地位很高，丑陋而凶恶，披发裸身，头戴骷髅冠，双乳高隆，腰间围兽皮。具有

铜鎏金无量寿佛坐像1

铜鎏金无量寿佛坐像2

藏传佛教鲜明的艺术特色。

①铜鎏金白度佛母坐像

清代。塔城地区乌苏市四苏木喇嘛庙移交。白度母是观音菩萨化现的"二十一度母"之一。双手和双足各生一眼，脸上又有三眼，所以也被称为"七眼佛母"。此尊头戴花鬘冠，发髻高耸，双耳附着大环，上身袒露，斜披着络腋，帔帛环绕，左手持莲枝置胸前结说法印（莲枝已失），右手置右膝上施与愿印，全跏趺坐于莲座之上。传说白度母是藏王松赞干布的尼泊尔妻子赤尊公主转生来的。通高23、最大宽16.8、最大厚9厘米。

②铜鎏金白伞盖佛母坐像

明代。此像头戴五叶宝冠，袒露上身，装饰璎珞，钏镯等。右手已残（应作施无畏

铜鎏金白度佛母坐像

铜鎏金白伞盖佛母坐像

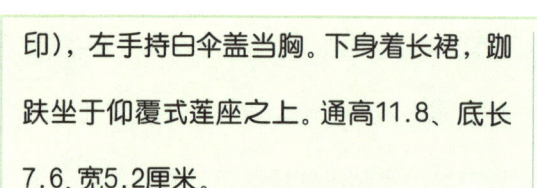

印），左手持白伞盖当胸。下身着长裙，跏趺坐于仰覆式莲座之上。通高11.8、底长7.6、宽5.2厘米。

③铜鎏金狮面佛母

铜鎏金狮面佛母，又称狮头佛母。此像狮子头，头戴五骷髅冠，火红色的鬃毛像烈焰一样上卷，三目圆睁，张口龇牙卷舌，两耳肥实下垂，上身袒露，两乳隆起，腰系虎皮裙，脖子上挂着五十个生人头，左手托骷髅碗当胸，右手上扬。身体呈舞立姿式，左足单立，右腿微屈。高31、宽16厘米。

（5）护法

藏传佛教的护法神是一种保护佛法的神祇，是藏传佛教最为庞大的一类神。一般都供养在专门的神殿内。

①铜鎏金黄财宝天王像

清代。塔城地区乌苏市四苏木喇嘛庙移交。黄财宝天王，又称"黄财毗沙门"或"黄财神"，即佛教中四大天王中的北方多闻天王。此尊头戴五佛宝冠，身穿黄金铠甲，浓眉大眼，蓄着两撇上卷的小胡须。佩诸种珍宝璎珞，右手持宝幢（已失），左手捧着宝鼠，以菩萨如意坐姿态，坐于伏地狮

铜鎏金狮面佛母

铜鎏金黄财宝天王像

子上。高13.5、宽11.8厘米。

②铜鎏金吉祥天母像

清代（1616－1911年）。塔城地区乌苏市四苏木喇嘛庙移交。吉祥天母是藏密中重要的女性护法神，因骑三眼骡子（第三只眼在骡子臀部上），也称"骡子天王"。此尊形象为面生三目，怒目圆睁，大嘴如盆，外露两颗虎齿，头发上竖，戴五骷髅冠，左

铜鎏金吉祥天母像

耳佩蛇，右耳佩狮，身佩人骨念珠，腰上挂着账簿。她左手拿的骷髅棒（已失），右手端着骷髅碗骑于骡子之上。高16.5、宽13厘米。

③铜鎏金降阎魔尊像

清代。塔城地区乌苏市四苏木喇嘛庙移交。降阎魔尊又称"地狱主"，是一个象征智慧的护法神。据说他是文殊菩萨降伏

塔城地区博物馆

铜鎏金降阎魔尊像

阎地狱主王变现的。此尊为牛头人身的造型，头戴骷髅冠，赤发上冲，三目怒张，闪舌咧口。身形赤裸，大腹便便，挂着人头骨念珠和生人头，两手上扬，右手持人骨棒（已失），左手结期剋印并持绳索（已失），他的两脚踩在一头大水牛身上（已失），右腿屈，踏水牛头；左腿伸，踏在水牛臀部。高32、宽23厘米。

④铜鎏金卧牛像

清代。塔城地区乌苏市四苏木喇嘛庙移交。此像是上图铜鎏金降阎魔尊像的底座，降阎魔尊右腿踏在水牛头，左腿伸踏在水牛臀部。牛下是一个赤身裸体的仰卧降服者。高8.2、长12.7、底宽7厘米。

⑤铜鎏金狮子像

清代（1616-1911年）。塔城地区乌

铜鎏金卧牛像

塔城地区博物馆

铜鎏金狮子像

苏市四苏木喇嘛庙移交。此狮像头部宽大，四肢短小，前右脚抓挑，一小狮被踩于前左脚下作龟缩状，后肢蹲踞，口大张。长11.4、宽7厘米。

⑥擦擦十方佛

明代。"擦擦"，即用模子制作出来的泥质佛塔、佛像等。由于它体积小，重量轻，制作简单，携带方便，具有极强的民间性和广泛性。此枚擦擦，为十方佛造像，四周遍布佛塔，十尊佛像虽然小巧，但生态生动，不失庄严。高9.3、宽8、厚1.2厘米。

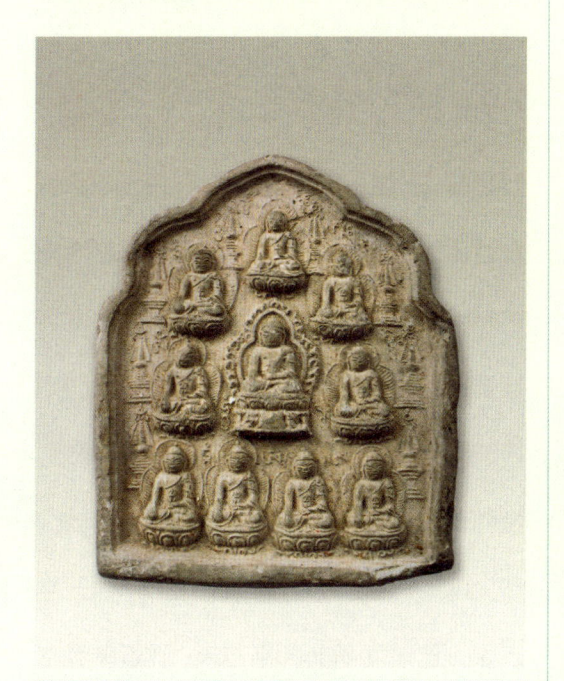

擦擦十方佛

10. 塔城地区的黄教寺庙

塔城地区保存了许多的"喇嘛庙"，即黄教寺院，主要有普庆寺（夏尔苏满喇嘛庙）、巴音沟承化寺、巴尔鲁克库热喇嘛庙、布林喇嘛庙、敖包特库热庙等。

（1）巴尔鲁克库热喇嘛庙

喇嘛庙位于郊区乡巴尔鲁克库热二村（四队）之中，南约1千米为额敏河，沿河生长有榆树、沙枣树、杨树等，周围地势平坦，村庄外有大面积的农田，主要种植小麦、玉米、甜菜等农作物。

巴尔鲁克库热喇嘛庙始建于清嘉庆十年（1805年），是县境内建造最早的一个喇嘛庙。据喇嘛庙中喇嘛介绍，现存巴尔鲁克库热喇嘛庙大殿建于1921年，1986年重新修缮。喇嘛庙为砖混结构，由大殿、东侧耳房、围墙、大门四个部分组成，除大殿之外，其他部分为新建建筑。大殿坐北朝

南，为土木结构，建于东西16.5、南北28.4、高1米的台基之上。大殿面阔20.3、进深11.5米，屋顶为两个相连的悬山顶，高4.8－5.3米。门前有4根直径17厘米的木柱，廊檐下饰有白塔、门神等图案。殿内有4根木柱，刷红漆，木柱上有蝙蝠、蟠桃、铜钱图案，屋顶装饰有八宝图案，大殿内供奉有唐卡和活佛照片。

（2）敖包特库热庙

敖包特库热庙位于和布克赛尔镇巴音托洛盖社区敖包特东街（巷）北侧，北靠山丘，西侧有一棵老榆树，西南为王爷府，南侧为江格尔文化广场，有人工种植的草坪，环境优美。东约60米为新建的喇嘛庙，东侧有两家蒙古族喇嘛在此居住。

喇嘛庙始建于1872年，建筑面积246平方米。其中庙堂建筑面积122平方米，为两层土木结构，原建筑有活佛经堂和佛塔、禅房等建筑物组成，"文革"时期被毁。现仅存经堂，经堂修建在0.6米高的台基上，东西3、南北15.6米，一层高约4、二层高约3米，原门前有4根方形柱子，上绘有彩绘图案和六字箴言，现均被毁坏。

（3）夏尔苏木喇嘛庙

夏尔苏满蒙古语"黄庙"之意，藏语谓"更得尼阿拉西聂得如达尔吉林"，汉语称"普庆寺"。位于乌苏市塔布勒合特蒙古民族乡政府驻地东南15千米处，四棵树煤矿西南坡。光绪十二年（1886年）由土尔扈特六世郡王巴雅尔主建，西藏察罕格根活佛前来协助勘定庙址，由伊犁将军核准，从浙江请来工匠，动用千余民工于光绪十四年（1888年）竣工。夏尔苏满位于天山深处，坐西朝东，察罕乌苏河自门前涌流向北，整个建筑群依山势分为5级，占地1.4万平方米，建筑面积4500平方米。现夏尔苏木喇嘛庙自1959年被拆除后，仅存残墙断壁。

1999年被乌苏市人民政府公布为市级文物保护单位。

(4) 承化寺

蒙古语称"蔡罕格根库热",即"白活佛庙"之意。光绪十五年(1889年),清政府在沙俄的压力下,饬令在阿尔泰等抗俄的承化寺教首棍噶札勒参率众人移驻库尔喀喇乌苏(今乌苏)巴音沟牧场,光绪十八年(1892年)筑新寺名亦承化寺,占地3.6万平方米。因年久失修,现仅存门楼、左厢房、右厢房、念经房等建筑。1999年被乌苏市人民政府列为市级文物保护单位;2003年被新疆维吾尔自治区人民政府列为自治区级文物保护单位。

承化寺

二 和谐家园

"和谐家园"陈列展出面积近600平方米。通过历史资料和民俗资料的逻辑分析，科学、系统、全面、准确地反映塔城地区汉、哈萨克、维吾尔等6个民族的历史和灿烂的民俗文化。陈展内容依次分为哈萨克族——腾飞梦、汉族——和谐梦、维吾尔族——升华梦、达翰尔族——强国梦、蒙古族——回归梦、俄罗斯族——乐园梦六大部分。

展厅从各民族的历史文化、衣食住行及文化艺术等各方面展现了五弦之都醇厚、和谐的民俗风情。展览以民俗文物为

"和谐家园"展厅

主要展品,配以辅助展品等,将鲜明的民族特色、地域特点与现代博物馆的功能结合,浓缩再现了草原丝绸之路北道重镇的璀璨文化。

1. 哈萨克族

现今生活在塔城地区的哈萨克族,主要是哈萨克大、中、小玉兹三部落中的中玉兹部落的支系成员,如阿巴科克烈部、乃蛮部等。哈萨克族早期主要从事畜牧业生产,兼营狩猎业、手工业等。语言属阿尔泰语系突厥语族,使用阿拉伯字母为基础的拼音文字。

（1）回望传统——游牧生产与生活方式

哈萨克族传统的游牧生产与生活方式,与他们居住的自然生活环境密切相关。准噶尔草原的春、夏、秋、冬四季牧场,为哈萨克游牧民"逐水草迁徙"的游牧生活提供了广阔的生产和生活空间。

哈萨克族毡房

哈萨克族的住房主要分两类:一类是春、夏、秋住的毡房;另一类是冬天住的土房或木房。哈萨克毡房以其易于搭卸、携带方便、坚固耐用、居住舒适、防寒、防雨、防震的特点成为千百年来哈萨克牧民喜好的一种民居形式,而且沿用至今,成为哈萨克民族文化中独特、亮丽的一道景观。

(2)多彩服饰——自然与人文相交融

哈萨克族服饰文化，散放着浓郁的草原风情。服装便于骑乘，其民族服装多用羊皮、狐狸皮、鹿皮、狼皮等制作，反映着山地草原民族的生活特点。

哈萨克族服饰大多以适应游牧迁居和山区草原气候为主，服饰主要采用兽皮、牲畜皮以及各种布料纯手工制作。哈萨克族服饰的颜色包涵着吉祥、祝福的意蕴。

(3)肉乳飘香——草原的奉献 牧民的盛情

哈萨克族的饮食文化几乎就是草原文化的又一缩影。马、牛、羊、驼等家畜与哈萨克族人相伴，成了他们赖以生存和发展的主要物质基础。哈萨克族人民善于用家畜的肉或奶做各种具有民族风味的食

哈萨克族服饰

品。除了主要的肉和奶外，还有茶、大麦、小麦、塔日米等。

(4) 绚烂精美工艺——源自生活的独特艺术

哈萨克族是一个富有艺术天赋的民族。走进哈萨克毡房，您会觉得处处是艺术天地，就是一个浓缩着五光十色艺术画面的缩微宇宙。花毡贴绣七彩梦想，挂毯编织吉祥符号。木床衣箱彩绘、镶嵌绚烂图画，帐帘幔幔遮起深深幽情。

冬不拉　是哈萨克族中最流行、最普及的弹拨乐器。它有两根弦，左手按弦，右手弹拨。冬不拉样式不一，铲子形的冬不拉叫做"阿巴依斯"，马勺形的冬不拉则叫做"江布里"。

马鞍　哈萨克牧民离不开马，他们有句谚语说："马是牧人的翅膀"。因此，马具是哈萨克人财富、身份和荣誉的象征，他们对马具有着无比的挚爱。图中的两套马具是用纯银打造的，在马鞍边缘刻有精美的吉祥纹饰，并在醒目部位镶嵌有宝石和玛瑙。

哈萨克族毡房内木床及床饰

冬不拉

塔城地区博物馆

阿依特斯又称为阿肯弹唱，就是两个阿肯之间的对唱，进行诗歌即兴创作竞技比赛，寻找机会进行较量，直至挫败对方。从形式上看，对唱体裁的原始形式是学舌式对唱。因为这些唱词不是现成的，而是由那些阿肯们即兴创作的，具有很高的艺术性，能令听众心旷神怡，神思飞扬。所以很能吸引人民群众并产生很大的影响。

马鞍

（5）阿依斯特大会——传统与现代文明的碰撞

阿肯弹唱被哈萨克人民视为民族的

阿肯弹唱会半景

瑰宝，而且阿肯弹唱是其中最高的艺术表现形式。阿肯弹唱艺术在哈萨克民族精神文化发展历史上，在民族自我教育、弃恶扬善、歌颂美德、歌颂爱国主义、英雄主义、歌颂劳动、歌颂新生事物、追求美好的未来等方面起到了不可替代的历史作用。

2. 汉族

汉族有着悠久的历史和文化。早在唐代时，玄池都护府设立，汉族将士在塔城地区屯田戍边。西辽时期，北方一些汉族居民随契丹人迁到今塔城额敏河一带定居。清朝以来，陕西、河南、河北、甘肃、山东、安徽、湖北、江苏等省的汉族，以士兵、生意人、工匠、淘金者、谋生者、支边青壮年等身份来到塔城地区，成为构成塔城多民族大家庭的重要成员，为塔城地区的建设做出了重要贡献。

汉族民间自演自娱的社火是历史悠

"社火"表演场景模型

久的年节娱乐活动。"社火"亦称"射虎",是我国西北地区古老的民间艺术形式。是指在祭祀或节日里迎神赛会上的各种杂戏、杂耍的表演。火具有红火、热闹之意。社火产生的年代相当久远,它是随着古老的祭祀活动而逐渐形成的。起源于中国上古祭祀活动。中国宋代诗人陆游在《游山西村》中写道:"箫鼓追随春社近,衣冠简朴古风存。"可见其延绵之久。社火是中国民间一种庆祝春节的传统庆典狂欢活动。也是高台、高跷、旱船、舞狮、舞龙、秧歌等等的通称,具体形式随地域而有较大差异。

3. 维吾尔族

17世纪30年代,巴图尔浑台吉招募维吾尔族在今塔城市、和布克赛尔县、额敏县境从事农业、手工业生产。清朝平定准噶尔部后,南疆阿克苏、乌什、和田等地维吾尔族人陆续迁至塔城定居。维吾尔族能歌

维吾尔族长裙和袷袢

善舞,他们创造出的维吾尔木卡姆等独特的歌舞艺术,深受全国各族人民的喜爱。

维吾尔族传统服饰,男子多着长大衣(一般称"袷袢"),妇女爱穿裙装,喜选择"艾得来丝绸"缝制连衣裙。

维吾尔传统乐器品种多样、制作精美、色彩鲜艳、音质悦耳。使用较为广泛的

TACHENG MUSEUM

维吾尔传统乐器

乐器有都塔尔、热瓦甫、弹布尔等。

4. 达斡尔族

塔城地区的达斡尔族是清乾隆年间在塔城戍边的达斡尔族将士的后代。清乾隆二十七年（1762年）就有达斡尔族官兵换防进驻塔城。同治初年，部分驻防伊犁达斡尔族官兵抵达塔城。光绪九年（1883年），塔城达斡尔族改编为两个营。光绪十七年（1891年），达斡尔族编为六旗驻守塔城。民国初年裁军，至1917年（民国6年），达斡尔族迁居今塔城市阿西尔一带屯耕。新中国成立后塔城县设达斡尔民族乡。

（1）爱国离家园——戍边勇士谱新篇

18世纪中叶，为了巩固边防，加强统治，清政府在伊犁地区建立了新疆最高军

达斡尔戍边纪念碑

带你走进博物馆

斡尔族的着装表现出浓郁的狩猎文化风情，用狍皮、羊皮、狐狸皮、猞猁皮、狼皮制作的"德勒"皮衣柔软暖和，经久耐穿。袍头皮帽、狼头皮帽等更显出猎人的英武雄姿。随着民族的迁徙及与他民族的频繁接触，达斡尔服装有了新的变化，采用绸缎及棉布缝制的长袍成为传统服装的重要体现。

婴儿吊床

政机构——伊犁将军府。与此同时，决定把西征"索伦营"中的达斡尔官兵新编为驻防部队，免去换防制，命其携带家眷，永戍边疆。从此，新疆达斡尔族开始了他们艰苦卓绝的戍边历程，用忠诚戍边卫士的身份，谱写了达斡尔历史的新篇章。

（2）英武俏丽着装——时代印痕体现

达斡尔族的民族服饰，因不同地域、不同时代文化背景的差别，体现出不同的风格特色。在东北大兴安岭狩猎时期，达

达斡尔族服饰

达斡尔族民居

民居 一幢幢坐北朝南的高大的介字形草房，内壁和大棚装饰着各种图案，大方雅观。家家户户的院墙围绕着红柳条编织的带有各种花纹的篱笆。

5.蒙古族

13世纪初，成吉思汗建立蒙古汗国后，随着对西域的征服，即有蒙古部众游牧于天山以北。至南宋嘉定十一年（1218年），也密里（今额敏县）为窝阔台汗国的封地。明崇祯七年（1634年），和布克赛尔为准噶尔部的政治中心。清乾隆三十一年（1766年），由张家口调来驻防塔尔巴哈台的察哈尔营蒙古人部分定居于此地。17世纪30年代北迁伏尔加河流域的土尔扈特部于乾隆三十六年（1771年）回归祖国，其中的两路分别定居在和布克赛尔县和乌苏县境，居住在乌苏、奎屯、额敏、托里、和布克赛尔等市县，在此生存繁衍已有900年历史。他们大多从事畜牧生产，部分从事农业。

塔城地区的蒙古族操卫拉特方言，使

用托忒蒙古文和胡都木文；信仰喇嘛教和萨满教。

（1）穹庐庄严——辽阔天宇的微观象征

蒙古族的传统居室为蒙古包，称之为"衣西合格尔"，即毡房。约是在满族祖先女真与蒙古族频繁接触满语称"家"为"博"，所以蒙古人的家被称为"蒙古博"，取其谐音，而作蒙古包。

（2）那达慕大会——与自然天地共欢乐

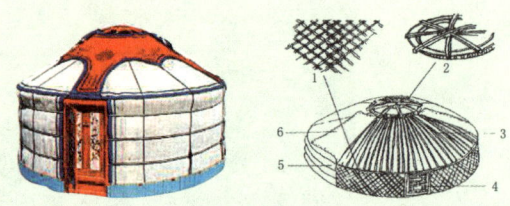

1.哈那　2.穹顶　3.乌乃　4.门　5.围毡　6.顶毡

蒙古包

蒙古族是一个崇尚自然的民族，他们对天地万物，尤其是日月星辰、草原大地、森林树木心怀虔诚，每年在7、8月份都要举行盛大的群众娱乐活动——那达慕大

那达慕大会、野生盘羊、伊犁马标本

TACHENG MUSEUM

马头琴

蒙古族服饰

会。这项活动的缘起，最早与蒙古族崇尚自然的祭敖包活动有关，在祈祷草原水草丰茂、人丁兴旺的同时，蒙古族同胞集族而聚，摔跤、射箭、赛马、欢歌起舞。绿色草原，变成了欢乐的海洋。

马是草原牧民的好伙伴，伊犁马具有良好的兼用体型，体格高大，结构匀称紧凑。头秀美、高昂，面部血管明显；眼大有神，额广、鼻直、鼻孔大，有悍威。伊犁马是我国著名的培育品种之一，力速兼备，挽乘皆宜，伊犁马长途骑乘擅长走对侧步。能够适应于海拔高、气候严寒、终年放牧的自然环境条件，保留了哈萨克马的优良特性，耐粗饲，善走山路。

马头琴 是蒙古族最具特色的传统乐器。又名"胡兀儿""胡琴"等，因琴

带你走进博物馆

杆上端雕有马头为饰而得名。

(3)绚烂盛装——民族文化的鲜明符号

传统的蒙古族民族服饰色彩绚烂，款式多样，每个部落都有其独特的服饰装饰特征。蒙古族喜欢穿长袍，包括长袍、腰带、靴子、首饰等，有扎腰的习俗。

6.俄罗斯族

18世纪末期，一些俄罗斯族人从俄国进入塔城经商定居。19世纪末至俄国"十月革命"期间，又有一部分俄罗斯人迁居塔城县、额敏县、乌苏县境。20世纪30年代，一批东北籍华侨携带部分俄罗斯眷属入境。现在塔城地区的俄罗斯族人大部分聚居在塔城市，主要从事教育、卫生及各种修理业、运输业和手工业。

俄罗斯语属印欧语系斯拉夫语族，使用俄文。俄罗斯族多信仰东正教，传统节日有圣诞节、复活节、降临节和报喜节。

套娃　是俄罗斯著名的传统工艺品和旅游纪念品。打开娃娃的肚子，会发现可以一层一层地剥下去。套娃不仅个数多，而且每个娃娃都大概不同，或许表情，或许颜色，还有每套娃娃的肚子上都描绘了迥异的故事、景物和文化。

饮食　俄罗斯族人喜爱饮茶，其烧茶的器皿称为萨玛瓦尔。

乐器　俄罗斯族的器乐文化也比较发达，几乎所有的男子都能演奏乐器，民间

套　娃

TACHENG MUSEUM

萨玛瓦尔

巴扬（手风琴）

俄罗斯族舞蹈场景（蜡像）

常见的乐器有巴扬（手风琴）、吉他、曼陀林和巴拉莱卡等。

舞蹈　俄罗斯族也是一个能歌善舞的民族，他们经常举行各种家庭宴会。

三　风雨彩虹——塔城爱国历史教育陈列展

"风雨彩虹——塔城爱国历史教育陈列展"陈列展出面积近900平方米，按照塔城爱国历史发展进程，分为热血塔城爱国

带你走进博物馆

魂、英雄塔城兴国志两大部分。

1. 热血塔城爱国魂

塔城地区是一个富饶的地方，不仅是物质的，更是在精神层面的。位于祖国西北部的塔城，西、北与哈萨克斯坦接壤，具有重要的战略地位。17世纪60年代中期以来，索伦营、锡伯营西迁戍边，土尔扈特东归祖国，迎接三万东北抗日义勇军回到祖国，为抗日捐款筑路，巴什拜献物支持抗日、捐飞机抗美卫国，孙龙珍冲锋对敌，见证了塔城各族人民热爱祖国、热爱家乡、不畏强权、勤劳勇敢的热血情怀。长期以来荣辱与共，让包容融入了塔城29个民族兄弟姐妹的血脉之中。各族人民密切交往，在相互依存休戚与共，在共同开发建设塔城，共同维护边疆稳固、国家统一过程中，铸造了同呼吸、共命运、心连心的优良传统，凝聚了血浓于水的民族情谊。文化认同是民族团结之根、民族和睦之魂，塔城各族人民在共同学习生活中，丰富和发展了自己独具特色的民族文化，使这块昔日美丽的边塞草原，在与时俱进的进程中，日渐成为多种经济并重、多元文化共存的和谐典范，形成了以包容文化、戍边文化、口岸

"风雨彩虹——塔城爱国历史教育陈列展"入口

TACHENG MUSEUM

塔城爱国历史教育陈列展浮雕

文化和生态文化为主体、多民族相融共生鲜明的地域特色文化，为祖国边疆的繁荣贡献了智慧和力量。

塔城各族人民热爱祖国，为保卫世代生息的家园和抵御外敌的侵略进行着艰苦卓绝的斗争。准噶尔蒙古捍卫牧地的斗争、收复巴尔鲁克山、为抗日救国捐羊献金等爱国义举，时刻铭记在塔城人民的心中。安置东归故土的土尔扈特、迎接东北抗日同胞以及旅苏华侨归国等行为，向世人展示了塔城各族人民宽广无比的胸怀。涌现出了巴图尔珲台吉、策伯克多尔济、徐天尧、安玉贤等一批热爱祖国、抵御外敌的英雄人物。图瓦强阿、额尔庆额、博勒果苏等为维护国家尊严、捍卫国家领土而勇敢地同外敌作斗争；杜别克、赵剑锋等为塔城文化、教育事业的发展做出杰出的贡献。塔城人杰地灵，处处涌现爱国典范。

（1）准部守土护家园

自17世纪30年代中期以来，准噶尔部蒙古首领巴图尔珲台吉及其继任者不仅在和布克谷地筑城垦田，确立在天山北路卫拉特蒙古诸部的支配地位，还多次率部在叶尼塞河中上游、鄂毕河中游和额尔齐斯河流域雅梅什湖等地开展反对俄国兼并其部落牧地的斗争。1640年，以卫拉特蒙古巴图尔珲台吉和喀尔喀蒙古札萨克图汗为首的东、西蒙古诸部44位首领在塔尔巴

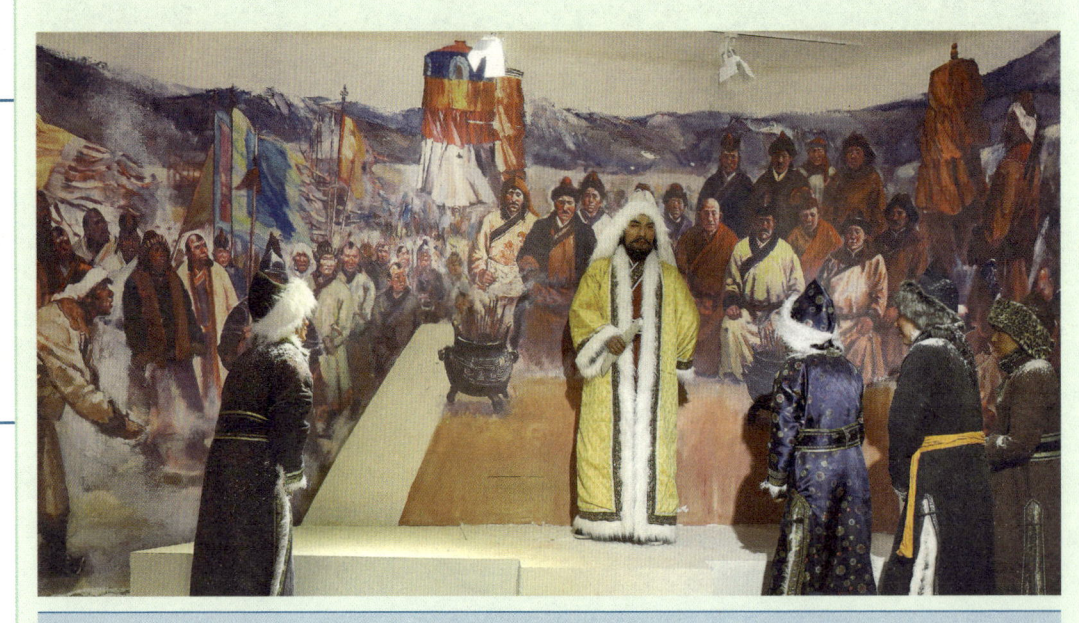

卫拉特法典制定场景

哈台（今塔城）会盟，制定并通过了著名的"察津·必扯克"（《1640年蒙古—卫拉特法典》）。这不但进一步增强了蒙古诸部间的联系，而且协调制定了维护蒙古诸部利益、共同抵御外敌威胁的战略方针，有助于保护其传统的牧地不受外来威胁。

(2) 万里东归回故土

清政府统一天山南北之后，从东北抽调察哈尔蒙古、额鲁特蒙古、锡伯、索伦（包括达斡尔族）等诸族军民携带家眷西迁伊犁、塔尔巴哈台（今塔城），并在和布克谷地和库尔喀喇乌苏（今乌苏市）妥善安置从额济勒河（今伏尔加河）流域万里东归故土的土尔扈特蒙古部分部众。

(3) 开门揖客兄弟情

巴克图口岸是中俄双边官方贸易和

土尔扈特东归场景

带你走进博物馆

塔城地区博物馆

民间贸易的窗口之一,也是中国同胞由俄国(后来称苏联)归国的必经通道之一。1931年"九一八"事变后,东北抗日义勇军在日本军队的围攻下被迫退入苏联境内。1933－1941年春,经中国政府与苏联政府协商,除部分病伤员暂留苏联各医院治疗外,进入苏联境内的东北抗日义勇军分八批经西伯利亚从巴克图口岸回到祖国怀抱,共24894人,被改编为9个骑兵团,为炮兵大队、战车大队、工兵队、通信队等,组建喀什、和田、塔城、阿勒泰四个边卡大队。塔城区和各县组织成立"东北抗日义勇军接待办事处",先后接待由苏联假道进入新疆的东北抗日义勇军共计8批,包括家属在

东北抗日义勇军回国场景

内达3万余人。塔城各族人民不仅盛情款待他们，还筹集各种交通工具将他们送往省城迪化（今乌鲁木齐）和就地妥善安置不能随军的军人。回到新疆的东北抗日义勇军为后来新疆的稳定发展和繁荣做出了重要贡献。

(4) 捐款筑路为抗日

七七事变后，塔城成为将苏联等国际盟友救助物资运往抗日前线的前站。民国29年（1940年）前后，塔城各族人民在物资匮乏、生活条件艰苦的情况下，自备工具，无偿地铺筑和维护了从迪化（今乌鲁木齐）经塔城的巴克图通往苏联长达400多千米的境内国际通道和乌鲁木齐至伊宁公路的塔城段。沿途各族群众修建汽车接待站和航空站，为一批批来往的国际援华人士无偿提供食宿、引路、通行护送等方面的服务，确保了苏联及国际援华物资经塔城顺利到达前线，有力地支援了抗日战争。此外，塔城各族人民积极响应抗日救亡活动，捐献省票、金银首饰、马、骆驼等，共捐赠了包括14架飞机在内的大批抗日物资。

抗日募捐场景

2. 英雄塔城兴国志

中华人民共和国成立后，自从1950年1月塔城专员公署的成立以来，塔城各族人民艰苦奋斗，在农业、畜牧业、工业诸行业的建设取得了伟大成绩，也涌现出一批像巴斯拜·雀拉克·巴平、张中涛等爱国爱家、敬业奉献的道德楷模。尤其是改革开放以来，塔城地区各族人民及时抓住以经济建设为中心的历史发展机遇，充分利用巴克图口岸这一对外贸易开放优势，奋发进取，使塔城地区建设有中国特色的社会主义伟大事业取得更加辉煌的业绩。

(1) 塔城人民忆丰碑

塔城地区山清水秀，人杰地灵，产生了许多值得今人敬仰的典型人物。尤其是新中国成立后，各行各业都涌现出了爱国爱家、敬业奉献的职业模范，为塔城地区精神文明建设起到了先锋模范的作用。

① 策伯克多尔济

策伯克多尔济，蒙古族，土尔扈特部著名首领阿玉奇汗的后代，渥巴锡汗的堂侄，土尔扈特部核心人物之一。

土尔扈特部原居新疆塔尔巴哈台，17世纪30年代徙牧伏尔加河流域。由于俄国势力日益扩张，对土尔扈特部的政治、经济、宗教等各方面的控制步步加剧。乾隆三十五年（1770年）秋，他积极支持渥巴锡汗东返祖国的决定。在征程中，策伯克多尔济辅助渥巴锡汗率领中坚主力部众，英勇作战。策伯克多尔济的决心鼓舞着土尔扈特部的首领们。乾隆三十六年（1771年）五月二十六日，策伯克多尔济的前锋部队率先到达中国。同年九月，渥巴锡、策伯克多尔济等48人到热河觐见乾隆皇帝，策伯克多尔济被封为和硕亲王。乾隆三十七年（1772年），清政府安置土尔扈特部时，令策

策伯克多尔济半身铜像

伯克多尔济统领三旗，在和博克萨里（今和布克赛尔蒙古自治县境）游牧，隶属塔尔巴哈台参赞大臣管辖。

②赵建锋

赵剑锋（1898—1990年），黑龙江省呼兰县人（今黑龙江省呼兰区）。上学时他看到由于祖国国防空虚、军力落后常遭日、俄列强欺凌，即产生投笔从戎、精忠报国的志向。青年时代报考东北讲武堂，后转入日本士官学校骑兵科学习。"九一八"事变前，赵剑锋任铁路检查长期间，曾将在铁路上查获的日炮兵大佐山本和日本间谍秦某亲自就地正法。

"九一八"事变后，他参加苏炳文发起的东北民众救国军，先后担任上校支队长、上校旅长，英勇抗击日寇。1932年，东北抗日义勇军兵败退入苏联境内，后经西伯利亚转道来新疆。1937年春，赵剑锋由督办

赵建锋半身铜像

公署副官长调任省公安管理处中将处长期间，常对盛世才乱捕滥杀提出异议，引起盛世才的不满。

1937年11月，赵剑锋调任塔城行政区任行政长，兼警备司令和边卡大队长。为兴办塔城的文化、教育事业，1938年赵剑锋召集各界上层人士捐钱捐物，在他的号召鼓舞下兴起了一股办学热，到1942年赵

剑锋离开塔城时，全行政区共有小学168所、634个班，在校学生16084人。在同一时期，赵剑锋积极向各级公务员和民众宣传抗日救国，支持公教人员和学校师生演唱抗日歌曲、排演话剧，发动群众捐款捐物支援抗日前线，使塔城成为一方抗日救亡热土。另一方面赵剑锋厉行节约，挤出公务经费并动员社会力量募集资金，在塔城、额敏建起了民众俱乐部（影剧院）和公园，并发动公务员和市民在街道两旁植树，绿化美化城镇。

赵剑锋非常关注民生。他极力支持巴什拜捐资修起"巴什拜大桥"。赵剑锋与工商界和地方士绅商议，以入股分红方式，筹建起塔城第一家股份制企业塔城新光电灯股份有限公司（发电厂），还建起小面粉厂和浴池。他从苏联购进割草机、搂草机，让牧民打储冬草，保畜过冬。为解决公务员住房困难，他裁撤行政长公署卫队30人，用节省下的经费买了一辆卡车，跑运输赚钱给公务员解决住房问题。他为塔城文化、教育等事业做出了积极的贡献。

③杜别克·奴尔塔扎·夏勒恒巴也夫

杜别克·奴尔塔扎·夏勒恒巴也夫（1920—1947年），原名吐斯甫别克，哈萨克族，新疆察汗托海（今裕民县）居吉热克村人。民国36年（1947年）杜别克病逝，

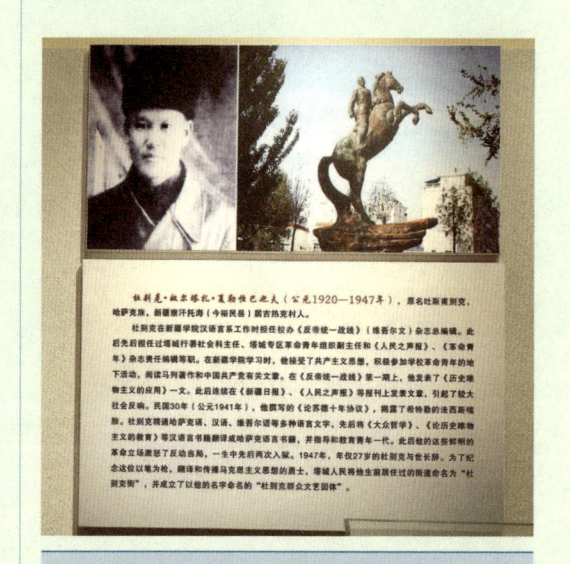

杜别克·奴尔塔扎·夏勒恒巴也夫简介

出版书籍

《反帝统一战线》第一期上，他发表了《历史唯物主义的应用》一文。此后连续在《新疆日报》《人民之声报》等报刊上发表文章，引起了较大反响。

今天，塔城市内的杜别克街以及杜别克街道都是以杜别克·奴尔塔扎·夏勒恒巴也夫的名字命名的，塔城人民用这种方式缅怀这位英年早逝的边城英杰。

④巴什拜·乔拉克·巴平

巴什拜·乔拉克·巴平（1889—1953

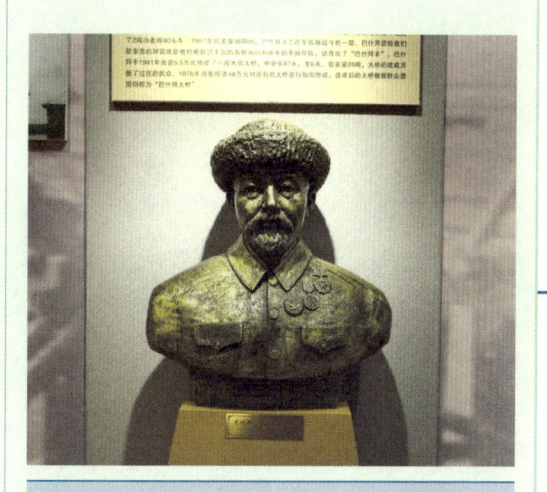

年仅27岁，遗体安葬于塔城北郊的加吾尔塔木。

杜别克童年就读于裕民县汉语小学，民国二十六年（1937年）冬入乌鲁木齐蒙哈学校学习，民国二十八年（1939年）考入新疆学院汉语言系。在校时受一批共产党人和进步人士的影响，他接受了共产主义思想，积极参加学校革命青年的地下活动，阅读马列著作和中国共产党有关文件。在

巴什拜·乔拉克·巴平半身铜像

塔城地区博物馆

巴什拜·乔拉克·巴平大桥图片

年），又称作巴斯拜·雀拉克·巴平，男，哈萨克族，我国著名的哈萨克族爱国民主人士。1889年生于新疆塔城地区裕民县察汗托海（今裕民县吉也克乡）切格村，1919年开始经营牧业，1945年8月—1952年5月任塔城专署专员，1953年11月21日参加内地考察期间在杭州，染病去世，享年64岁。

1941年捐资修建巴什拜大桥，一直使

巴什拜羊标本

巴什拜·乔拉克·巴平捐献飞机模型

用到20世纪80年代初期。曾培育出了我国稀有地方良种——巴什拜羊。抗战时期、抗美援朝时期分别为国家捐献了能购买一架战斗机的物资。

⑤孙龙珍

孙龙珍，女，1940年出生在江苏省泰县，1959年支边来疆，1960年加入中国共青团，1969年6月10日，在反击苏联入侵巴尔鲁克山西部地区的斗争中，为保卫伟大的社会主义祖国而英勇牺牲。1969年6月13日，被上级党组织追认为中国共产党党员，同年8月25日，新疆维吾尔自治区革命委员会授予她"革命烈士"称号，并修建纪念碑缅怀烈士业绩。

（2）忆古思今展新貌

新中国成立后，塔城人在中国共产党的正确领导下，依靠自己的聪明才智和勤劳汗水，使塔城地区的面貌发生了翻天覆地的变化，特别是党的十一届三中全会以后，改革开放不断深入，社会主义经济体制逐步建立健全，人民生活不断改善，社会文化生活日趋丰富多彩。21世纪的难得机遇又为塔城地区注入了新的生机。

"永远的丰碑——塔城辉煌历史"展览主要以图片、油画、场景再现等形式，从历史、民族以及当代等不同角度来展示不同历史时期的重大事件和英雄人物，彰显

孙龙珍简介

塔城地区博物馆

塔城地区老照片

塔城地区近期图片

塔城地区各族人民素来就有热爱祖国、不畏强权、勤劳勇敢的优良传统。这不仅可以使广大群众回顾塔城各族人民爱国爱家的历史，培养爱国爱民情感，发扬艰苦奋斗、顽强拼搏、无私奉献、建设家乡的爱国主义精神，还可以进一步鼓励塔城各族人民以自己的实际行动，为促进文明和谐、推动地区发展做出积极的贡献。

"永远的丰碑——塔城辉煌历史"展览所展示的民族精神将使塔城各族人民历经爱国主义和革命英雄主义的洗礼。这不仅是展现民族风格和爱国主义精神的一座殿堂，还是对青少年学生进行爱国主义教育重要的第二课堂。

文化遗产

一　骆驼石遗址

遗址位于和布克赛尔县和什托洛盖镇北,面积约30平方千米,是一处罕见的大规模旧石器制造场。原料为单一的黑色页岩,类型有石核、石片和经加工的石器。石器以大、中型居多,主要是砍砸器、刮削器、薄刃斧和手镐等。其中带有勒瓦娄哇风格的石片和长而规范的石叶,具有旧石器时代中、晚期的鲜明技术特征,与宁夏水洞沟遗址和交河故址沟西地点的石制品显示出

骆驼石遗址

骆驼石遗址考古

下喀浪古尔村遗址

同样的风貌，与近年在西伯利亚阿尔泰地区发现的若干旧石器时代中、晚期遗存也有共性。从类型、技术和器物组合方面提供了新疆地区存在旧石器时代遗址的明确证据。

二　下喀浪古尔村遗址

遗址位于塔城市二工镇下喀浪古尔村，喀浪古尔河东岸，周围地势平坦。遗址内有农民取土遗留下的大小不一的数个土坑。由于附近村民开地，遗址面积不断缩小。在此次第三次全国文物普查中仅采集到少量残碎的陶片。在1988年第二次全国文物普查中，曾在遗址处采集到四口陶罐、陶片、石磨盘、石器残片等。在出土四口陶罐的地点，经反复踏查分析认为是房址或墓葬。陶片多为夹砂红（褐）陶残片，纹样以各式压印纹为主。该遗址主要器物特征与塔城市萨孜村、托里县喀拉托别乡萨孜村古墓葬所出的典型器物比较相近，初步推断年代为青铜时代。

三　萨孜村遗址

遗址位于塔城市二工镇萨孜村以东

TACHENG MUSEUM

萨孜村遗址

石灰梁遗址

150米的一块台地上，东、西、南三面是河沟，北侧是农田林带。东与石灰梁遗址隔沟相望，东北为塔城地区卫校石棺墓群。台地高于周围河沟4-5米，东西85、南北275米。根据"二普"材料记载，在此发现有陶片、石磨盘、手斧等，并发现一片长方形的卵石阵，有上下两层。在此次"三普"调查中仅发现零星的红灰夹砂陶片和少量残石器。根据地表采集遗物推测该遗址年代为青铜时代。

四　石灰梁遗址

遗址位于塔城市二工镇萨孜村以东500米，西侧与萨孜村遗址隔河相望，东北为塔城地区卫校石棺墓群。遗址位于河岸台地上，地表平坦，植被稀疏，分布面积13130平方米。在"二普"材料中记载，曾在此处采集到4个保存完整的石磨盘和一些夹砂灰红陶片。在此次调查中仅采集到少量的红灰夹砂陶片和泥制陶片。根据地表采集遗物推测该遗址年代为青铜时代。

五　库托西遗址

库托西遗址位于塔城地区额敏县红星牧场二队库托西牧业点的山前台地上，

带你走进博物馆

库托西遗址

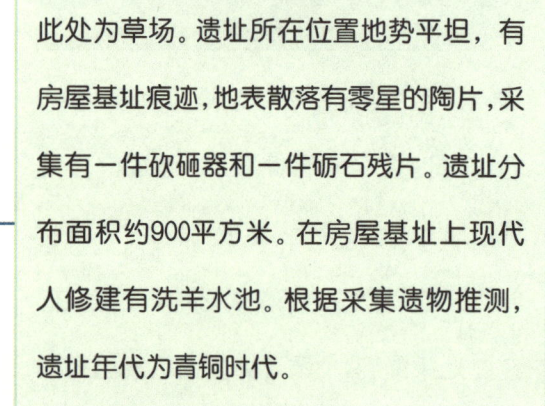

洪沟青铜器出土点

此处为草场。遗址所在位置地势平坦，有房屋基址痕迹，地表散落有零星的陶片，采集有一件砍砸器和一件砺石残片。遗址分布面积约900平方米。在房屋基址上现代人修建有洗羊水池。根据采集遗物推测，遗址年代为青铜时代。

六　洪沟青铜器出土点

洪沟青铜器出土点位于沙湾县南山红沟煤矿东南山谷中，曾出土有青铜、骨、角、玉等质地文物数件。包括青铜镂1件，通高19.5厘米，喇叭形座，高圈足，弧腹，腹部置两个对称的半圆形横耳；鹰头形铜饰2件，尺寸和造型基本一致，空心，铸造，高3.6、直径1.3厘米；卧羊形铜饰件1件，长5.3、宽2、厚0.2厘米，镂孔状，似一卧羊，呈回首状；小铜斧1件，长4.3、直径1厘米，中间有銎，銎径1厘米；三棱形铜箭镞1枚，镞身三面有凹槽，燕尾翼，脊尾有倒刺。身长1.5、链长2.2厘米；三棱骨箭镞4枚，有的链面有刻划纹，镞身长3-4、链长3-3.1厘米；杯形骨器1件，单耳杯形，无底，磨制精细，直径2.8、高3.2厘米；玉杯1件，浅绿色，口、底皆为圆形，腹外刻出一圈方形框饰。口径3.1、高2.6、腹深1.6厘米；角器4件，均为月牙形，皆空心。其中两件一端有透孔，长6.9－7厘米。另两件残似杯形，长4－5厘米。调查者认为，这组文物中的铜镞、箭镞与伊犁河流域发现的塞克文化一致，鹰头形饰具有浓郁的草原游牧文化风格，可能是一批与塞克文化有关的文物。出土文物现收藏于石河子军垦博物馆。

七　白杨树村遗址

遗址位于塔城地区乌苏市吉尔格勒特郭楞蒙古民族乡白杨树村南侧戈壁滩上，与白杨树村墓群交错分布，西临毛屯塔拉墓群。遗址分布在东西2、南北1.5千米范围内。地表见有灰陶、红陶残片，器耳见有鋬耳、系耳等，口沿多见平沿，部分器物为圈足。纹饰见有戳刺纹、弦纹，另见有穿孔的石器和铜片。此遗址鋬耳非常发达，遗址不见文化层堆积。从地表采集到的陶片看，年代应该是在春秋至汉代。

八　也密里故址

也密里故址位于额敏县城东北17.5千米处。分布在东西2426、南北138－242米的范围内。故址地处额敏河和那仁查干乌苏河之间的黄土台地上，四周地势平坦，台地高出四周4－5米。四周现都已开垦为

白杨树村遗址

也密里故址

农田，不知原来是否有护城河。故址地面平坦，采集有红、灰陶片，陶片上有轮刻痕迹，刻划有水波纹、弦纹，另见有绿釉陶片和琉璃残片。根据《新疆通志·文物志》介绍："从遗址上挖渠时留下的一个剖面可观察到文化层的堆积情况，文化层厚55厘米，上有30厘米厚的淤土，文化层下是原生土。文化层内有红陶片、铁器、火烧灰和兽骨。当地牧民说曾挖掘出土过人骨，附近可能存在墓葬。该遗址最早为西辽耶律大石所建，后为元代宗王昔里吉的汤沐之地。"2009年，额敏县县政府出资对其采取了一系列保护管理措施，在遗址周边修筑保护围栏，竖立了保护标志，并请专人对其进行看护。

九　道尔本厄鲁特森木古城遗址

道尔本厄鲁特森木古城遗址位于和布克赛尔蒙古自治县城东北5千米，占地面积16.81万平方米。该城四周水草丰茂，据历史资料记载，此城兴建于明崇祯十二至十六年（1636－1643年），曾一度为准噶尔汗国的政治活动中心。道尔本厄鲁特森木为蒙古语"四个厄鲁特奇"之意。古城呈方形，边长为414米×414米，北墙、西墙保存较好，在北墙中段有一缺口，宽20米，可能是城门。东墙、南墙部分墙体倒塌。从卫星图片上观察，东墙和西墙均为双道墙体，两道墙体错缝排列，起到瓮城的防护作用。古城城墙高5.2、上宽4、下宽6－7米，每个夯段长4.5米，城墙四角有半圆形角楼。墙体为夯筑，其中掺杂有大量的直径约30厘

道尔本厄鲁特森木古城遗址1

米的赭色石块，夯层厚约15厘米，部分墙体外侧又用土块包砌，土块长43、宽25、厚11厘米。城墙顶部土坯呈灰黑色，至今保存完好。城内现已成平地，但根据其他文献介绍，城内有遗迹分布，主要分布在城的中部偏北，遗迹主要为建筑遗址，有残垣，有夯土台，其上有筒瓦、瓦当、莲花方砖等，砖瓦上有兽头、花卉、植物等图案装饰。在古城西北角有一残破的藏式佛塔，塔内发现有经文、泥制佛像和铜念珠，现仅存一基，高约3米。据当地牧民讲，1970年以前此塔尚存高约10多米，后被雷击倒。

十　乌拉斯特遗址

该遗址位于铁布肯乌散乡查干阿德尔格村东14千米处的哈同山南侧山谷中，当地人称此处为乌拉斯特冬窝子。山谷岩壁陡峭，谷内生长白杨、爬地柏、白桦树、柳树等植物。遗址旁有一处泉眼，泉水自北向南流。泉眼左上方崖洞内放置有泥制的塔擦、擦擦等藏传佛教遗物，数量较多。题材有各类佛像、观音等。部分被牧民的羊群踩踏破碎。在北侧崖壁上，还见有贴塑的擦擦，但大部分已经酥碎掉地。另在崖壁上书写有墨色藏文，内容不识。根据发

道尔本厄鲁特森木古城遗址2

乌拉斯特遗址

现遗物分析，该遗址年代为明清时期。

十一　松树沟墓地

2017年5月底至7月中旬，为配合219国道吉木乃至和布克赛尔沿线公路工程，新疆文物考古研究所在和布克赛尔县文物管理所、博物馆的配合下，对和布克赛尔县境内涉及工程的古墓葬进行了抢救性考古发掘，共发掘墓葬31座。从发掘情况看，墓葬封堆构制结构有石堆、石围、石围石堆、土堆、胡须等类型，其中石堆墓占多数。墓室均为填石。墓室结构可分竖穴土坑墓、竖穴偏室墓、木棺墓、石棺墓等类型。

这次发掘墓葬数量不多，但类型丰富，通过和周边地区同类墓葬从墓葬形制、葬式葬俗、出土器物等方面对比，可以对墓葬年代有一个初步推测。其中编号M15和M16为仰身屈肢葬，随葬蛋形尖底罐和粉状的红色颜料，这类墓葬在欧亚的叶尼塞河、尼勒克县G218墓地、哈巴河阿依托汗一号墓地、额敏县霍吉尔特墓地曾经发现过，虽然这些墓葬封堆以及墓室结构有所差异，但葬式葬俗和出土的蛋形尖底罐比较相似，陶器表面饰有刻划的短线纹、波折纹、水波纹、珍珠纹、旋纹、三角形戳印纹等纹饰，属于青铜时代早期的阿凡纳谢沃文化特征。这两座墓葬人骨的碳十四年代检测数据分别为距今5000和4800年左右。

M15中铺撒的红色物质，经北京大学考古文博学院科技考古实验室取样分析，

M15墓室

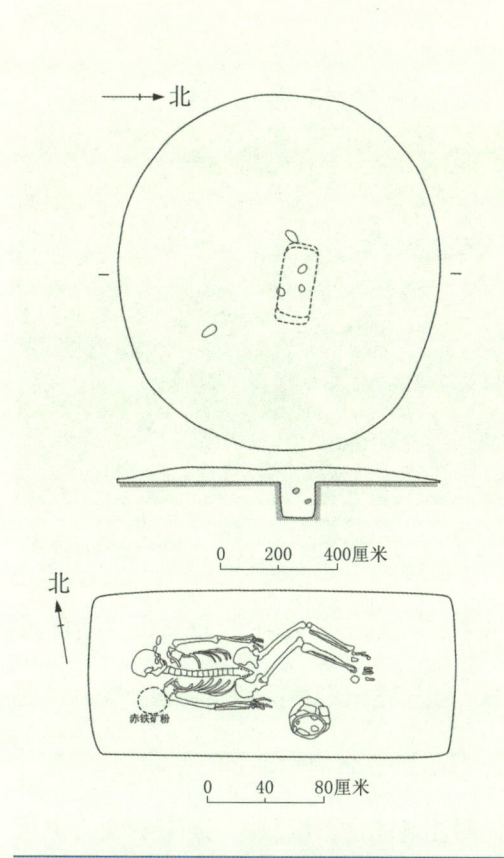

TACHENG MUSEUM

200纳米以上）。这与色彩饱和度较低的天然赭石存在明显差异，是典型的针铁矿热处理技术产品，其加热温度在800℃左右。这种以针铁矿为原料，通过低温热处理人工合成纳米氧化铁的工艺早在旧石器时期就已经在欧洲出现，并一直持续到近现代，是西方最为常见的制备高饱和度红色颜料的工艺。相同的技术产品也在新疆阿尔泰地区的阿凡纳谢沃文化遗存中出现，暗示

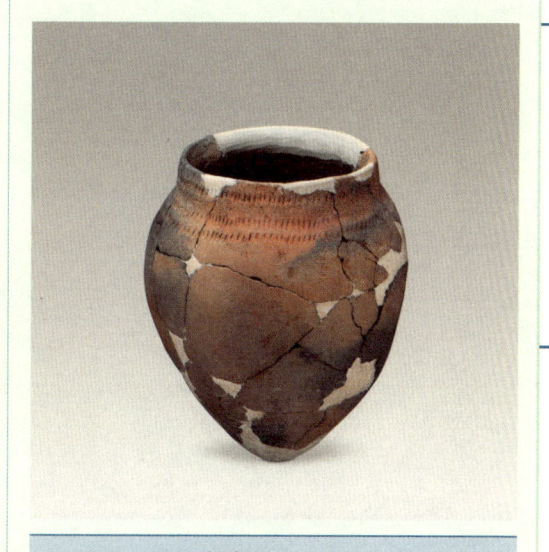

M15墓葬平、剖面图

其中主要致色成分为三氧化二铁晶体。透射电子显微镜（TEM）结果表明，样品中氧化铁杂质较少，结晶程度很高，且具有纳米级棒状形貌（大部分直径50纳米左右，长

蛋形尖底罐（M15：1）

带你走进博物馆

M16封堆

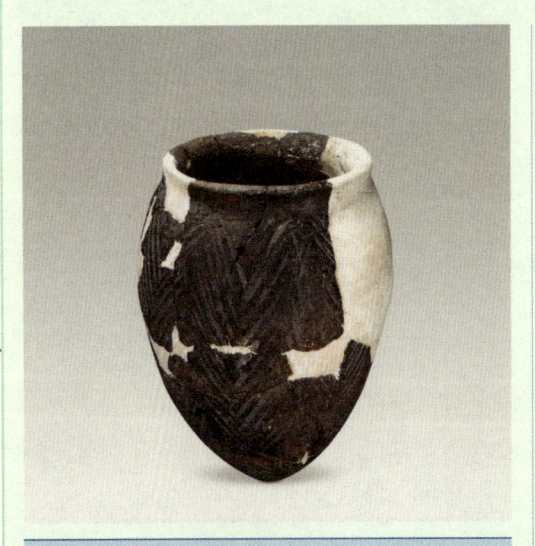

蛋形尖底罐（M16:1）

随着公元前三千纪东西方文化交流的深入，该技术已经传播到达我国新疆并广泛分布在与中亚草原毗邻的平原河谷地区。值得注意的是，额敏霍吉尔特遗址（阿凡纳谢沃文化）中使用的低温热处理天然赤铁矿技术，其形貌为球状；伊犁尼勒克遗址与石河子十户窑遗址（安德罗沃诺文化）则直接使用红色黏土类，未见人工处理现象。

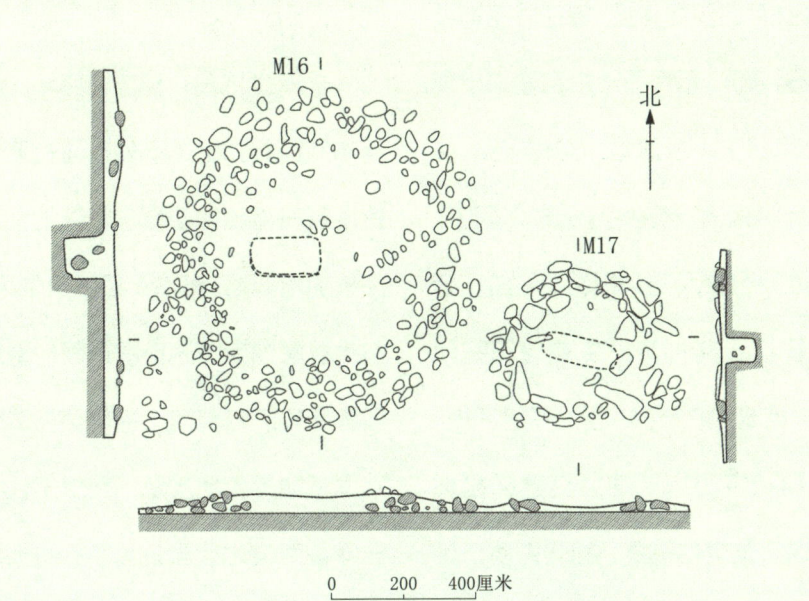

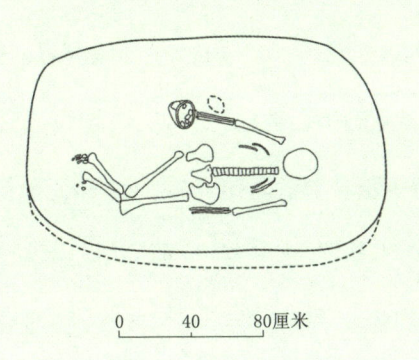

M16-17墓葬平、剖面图

木棺墓，具有木棺、侧身屈肢葬、平底罐、土火葬并存的墓葬特征，曾在特克斯县阔克苏西2号墓群、石河子十户窑墓地出现过，在塔什库尔干下坂地墓地均有可见，属于青铜时代中期的安德罗诺沃文化因素。初步年代推断约公元前13世纪。之前在新疆的安德罗诺沃文化类型主要分布在伊犁河流域、塔城、帕米尔、石河子等区域，这次地处阿勒泰和塔城地区交界的松树沟墓地出现该类文化现象，把安德罗诺沃文化因素在新疆的分布范围又往东北方向扩大了。

与M18、M19、M20类似的小石棺墓，曾在富蕴县塑柯尔特墓地、富蕴县萨乌迭戈尔墓地、阿勒泰市克孜加尔墓地、木垒县干沟墓地均有发现，出土的弦纹"钵形器"陶片墓葬性质与位于俄罗斯米努辛斯克盆地，属于青铜时代晚期的卡拉苏克文化比较相似。初步推断，年代约为公元前13－前11世纪。

竖穴土坑墓，墓中有殉马，墓主人下有木制葬具，出土高领壶与金箔片的墓葬特征曾在富蕴县塑柯尔特墓地、阿勒泰市克孜加尔墓地、布尔津县山口电站墓地、布尔津县喀纳斯下湖口图瓦新村墓地、富蕴县塔勒德萨依墓地、裕民县阿勒腾也木勒水库墓地等墓地发现，有属于铁器时代的巴泽雷克文化因素的影响。初步推断，年代约为战国至汉代。

偏室墓，曾在尼勒克县铁列克萨伊墓地、尼勒克县穷科克一号墓地、巩留县山口墓地、特克斯县阔克苏西2号墓群、温泉县穹库斯台墓地、石河子南山墓地等墓地均有发现，也在费尔干纳盆地、七河地区、新疆沿天山一带常见，尤其是在伊犁河流域比较流行，初步推断，年代为战国至汉代。

竖穴石棺墓，曾在温泉县穹库斯台墓地、吉木萨尔县二工河水库墓地、富蕴县塑柯尔特墓地、布尔津县也拉曼墓地、尼勒克县乌吐兰墓地均有发现。初步年代推断为秦汉时期，晚于竖穴偏室墓。

通过发掘，初步了解该处墓葬具有早期青铜时代的阿凡纳谢沃、卡拉苏克、巴泽列克以及铁器时代的考古学文化内涵。尤其是M15把阿凡纳谢沃文化在新疆区域出现的年代又往前推进了一步，对揭示塔城地区早期青铜文明具有重要价值和意义，同时为研究南西伯利亚游牧文明的传播、扩散、影响提供了一批珍贵的标本资料，具有非常重要的意义。

十二 霍吉尔特墓地

霍吉尔特墓地位于额敏县霍吉尔特蒙古族乡东4千米，地处齐吾尔喀叶尔山与加依尔山之间的山前坡地上，西北望塔额盆地、东南通准噶尔盆地。坡地自东向西倾斜，相对平缓，地表植被稀疏。2011年7－9月，新疆文物考古研究所对墓地进行了抢救性发掘。

墓室（东—西）

石板西侧板内侧涂朱痕迹（东—西）

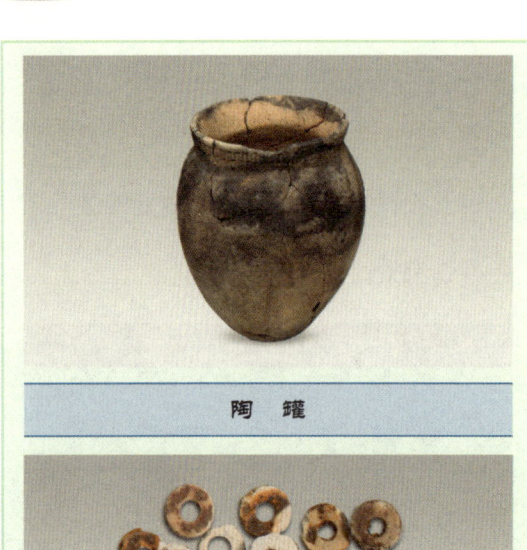

塔城地区博物馆

陶罐	 陶杯
 项链	 陶杯
 颜料	 陶杯

霍吉尔特墓地出土文物

TACHENG MUSEUM

墓底（北—南）

墓室东南殉狗（北—南）

墓地共计墓葬61座，较集中于墓地东、西两部。墓葬地表均有明显标志，由卵石或棱角分明的山石堆筑。墓葬形制有竖穴土坑墓、竖穴偏室墓、地面葬等，

部分墓葬使用石棺或木棺作为葬具，偶见殉马。直肢葬占绝对优势，屈肢葬发现较少。依据墓葬形制特征、随葬遗物和测年数据等分析，年代较为明确的31座墓葬可分为铜石并用时代、青铜时代、西周时期、春秋晚期至战国早期和战国晚期至汉代墓葬。

十三　白杨河墓地

白杨河墓地在塔城地区，河东为和布克赛尔蒙古自治县，河西为额敏县。墓地位于白杨河上游山谷地带，墓葬零星散布在沿河两岸的台地上。

2010年，新疆文物考古研究所发掘了塔城白杨河墓地的51座墓葬。墓葬的形制分为竖穴土坑墓、竖穴偏室墓、竖穴石棺墓等。多不见随葬品或仅有铁刀和羊骨，个别出土陶器、铜镜、木器等。年代大约相当于战国到汉代。其文化内涵与阿尔泰山南

塔城地区博物馆

石圈（东—西）

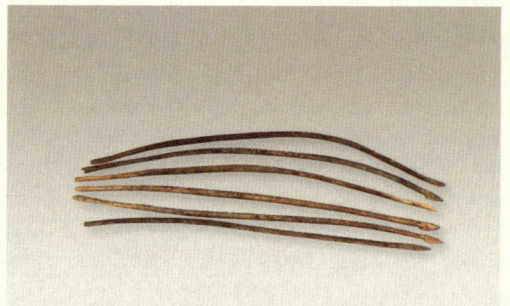

木箭

墓室（北—南）

木杯

墓室（南—北）

陶壶

带你走进博物馆

麓的同类墓葬有关，同天山东部和天山北麓乃至伊犁河谷的文化也有联系。

十四　僧塔斯石人墓

僧塔斯石人墓位于加依尔山顶平坦的草场上，四周为舒缓的坡地，气候凉爽，雨水丰沛，生长有低矮的牧草。此处为多拉特乡物业三队冬牧场，每年冬季有哈萨克牧民在此放牧，其他季节人烟稀少，西侧有一条南北向乡村便道。

石人像长1.3、高1.25、上宽35、下宽36、厚20—28、额宽35厘米，面朝东北，石人

僧塔斯石人墓（背面）

像位于一座直径3米左右的石堆墓上，现石堆墓封堆石块多数已被取走。

十五　阿布都拉水库墓地

2015年6-7月，为配合塔城市阿不都拉水库工程建设，新疆文物考古研究所在塔城地区文物局、塔城市文物局的协助下，对工程涉及的古代遗迹进行了抢救性考古发掘，共发掘墓葬10座，房址5座。

阿布都拉水库位于塔城市阿布都拉乡水磨村北约8千米，西南距塔城市直线距

僧塔斯石人墓（正面）

塔城地区博物馆

阿布都拉水库墓地全景

离30千米。墓葬分布在阿布都拉河东岸二级台地，南北向链状排列；房址分布在一级台地，呈散装排列。

墓葬分为竖穴石棺墓、石板墓、竖穴偏室墓、竖穴土坑墓、无墓室墓五种类型；5座房址仅存基座部分，其中4座为圆形石围，1座呈长方形。房址由大块片岩和卵石垒砌而成，在石围内填土中出土有羊、马、牛等动物骨骼。

墓葬数量不多，但类型丰富，通过和周边地区同类墓葬从墓葬形制、葬式葬俗、出土器物等方面对比，可以对墓葬年代有一个初步推测，其中竖穴石棺墓葬，墓葬特点是在竖穴底部用青色石板围砌长方形石棺，有底板也有盖板，墓主葬式侧身屈肢，出土鋬耳陶罐和料珠项链。该类墓葬代表器物有陶壶、砺石、带柄木杯、木盘等，从墓葬形制、出土器物等方面分析，竖穴石棺墓葬年代约为早期铁器时代；竖穴偏室墓，一侧殉葬，一侧葬人，墓主头向和殉马呈相反方向，随葬器物有铁马衔、成套弓箭等，墓葬年代约为汉代；竖穴土坑墓葬，墓葬呈窄条状，墓室口横向铺有原木，在哈巴河阿依托汗一号墓地发掘了10余座该类墓葬，出土遗物仅见一块平板玻璃，经碳十四检测该类墓葬年代较晚，研究推测可能在宋代以后；石板墓，通常不见任何人骨和遗物出土，在阿勒泰、塔城、博尔塔拉等地均有发现，有学者也认为是祭祀遗址，由于可对比材料较少，无法进行深入的分析研究。

房址保存相对完整，明显是经过精心修筑，我们推测可能为游牧人的居址或者是帐篷的基座，为半穴居房屋向帐篷式建筑过渡的一种建筑形式，类似于鄂伦春族"仙人柱"，但在房址内仅出土有羊、牛、马动物骨骼，年代无法作出进一步判断。

地表采集遗物主要是石器和陶片，陶片多为夹砂灰陶，外壁饰刻划纹、戳刺纹、杉针纹、指甲纹、弦纹、珍珠纹等，陶器质地、纹饰和哈巴河阿依托汗一号墓地发掘出土的阿凡纳谢沃文化、吉木乃县通天洞遗址出土的陶片非常一致；石器有石斧、石锤、石球等，器形多为亚腰形，在塔城萨孜遗址、卫校石棺墓等地也有出土，由于陶器器形不明，虽然无法确定其文化属性，但可确定这批地表采集遗物年代较早，应该为青铜时代早期的遗物，年代应该在距今

阿布都拉水库墓墓室

4000年左右。

这批考古资料的发现和研究,将对构建塔额盆地早期历史以及认识准噶尔盆地西缘及欧亚草原考古学文化的面貌、内涵等,具有重要意义。

十六　阿勒腾也木勒水库墓地

2011年5-6月,为配合自治区"定居兴牧"工程——裕民县阿勒腾也木勒水库

| 石锤 | 骨器 |
| 石斧 | 陶罐 |

阿布都拉水库墓出土文物

的建设，新疆文物考古研究所在塔城地区文物局、裕民县文物保护管理所的协助下，对工程涉及的古代墓葬进行了抢救性考古发掘，共发掘墓葬100座。

从发掘的墓室来分，有地表置人埋葬墓、竖穴土坑墓、竖穴偏室墓、竖穴石棺墓、竖穴石室墓及无墓室墓六类。

阿勒腾也木勒水库墓地墓葬类型多样，文化面貌复杂。缺乏可利用的叠压及打破关系，多数墓葬内又不见遗物，虽无法对整个墓地的年代和文化性质给出一个全面清晰的认识，但根据典型墓葬的形制、出土器物等材料，结合墓地碳十四数据，可以判断墓地明显存在属于不同文化不同时代的遗存。

青铜时代墓葬数量较少，这一时段的墓葬有竖穴土坑墓和竖穴石棺墓两种类型：竖穴土坑墓葬式为侧身屈肢，头向西。出土有橄榄形灰陶罐和石珠。人骨碳

阿勒腾也木勒水库墓地全景

塔城地区博物馆

阿勒腾也木勒水库墓地墓室

十四年代测定为距今3940±40年，树轮校正后为2550BC-2340BC年，墓葬年代为青铜时代中期。橄榄形罐有陶质和石质两种，外表多有戳刺或刻划纹。竖穴石棺墓葬式为侧身屈肢，无随葬遗物出土。人骨碳十四年代测定为距今3415±35年，树轮校正后为1760BC-1640BC年，结合墓葬形制，推测其为青铜时代晚期。

早期铁器时代墓葬数量相对较多，墓葬类型有竖穴土坑墓、竖穴石室墓、竖穴偏室墓、竖穴石棺墓等。葬式有仰身直肢、侧身直肢等，墓向均向西。墓室内人骨多不全，上身骨骼大多保存不好，有的头骨不存，有的仅存下身的肢骨。推测可能存在迁葬或者二次葬的可能。出土器物有高领陶罐、折沿铜镜、铜镞、铜刀、铁刀、砺石等。本期墓葬中竖穴土坑墓最多，竖穴土坑墓有两种类型。一种竖穴土坑墓，墓口大致呈圆角长方形，人骨埋葬较浅；还有一类竖穴土坑墓，以大条石作为盖板横置在墓口上，其中两座墓葬盖板中混有两尊鹿石。"鹿石"为墓葬的附属设施，大多都竖立在墓葬东面。经过研究认为鹿石年代约为公元前13-前7世纪。这类竖穴土坑墓葬年代应该晚于鹿石的年代。

年代可能属于早期铁器时代晚期。汉晋时期墓葬数量也较少，墓葬类型有竖穴石棺墓、竖穴土坑墓两种，葬式有仰身直肢、仰身屈肢、侧身屈肢等。出土有彩陶壶、铜片、铁刀、漆器、羊骨等遗物。

墓地地表采集有细石叶，推测至少在青铜时代前可能就有人类在此居住。墓葬地表封堆和墓室内发现有数件马鞍形石磨盘，在地表又采集有圆形石磨盘。说明从青铜时代起这里就存在粮食或者动物饲料加工。部分墓葬内随葬有马、羊等动物骨骼，随葬器物中陶器相对较少，金属器较多，出土有马衔、箭镞、铜刀、铁刀等工具，表明整个经济形态以畜牧业为主。

阿勒腾也木勒水库墓地的发掘和研究对认识准噶尔盆地西缘及欧亚草原考古学文化的面貌、内涵等具有重要意义。但由于本地区考古工作开展较少，基础薄弱，无法对该墓地进行更为深入的研究分析。

阿勒腾也木勒水库墓地出土的铜镜

阿勒腾也木勒水库墓地出土的陶罐

阿勒腾也木勒水库墓地出土的陶罐

相信随着今后考古发掘数量的不断增加和研究的逐渐深入，对阿勒腾也木勒水库墓地及本地区考古学文化面貌将有一个更为清晰的认识。

十七 宁家河水库墓地

2011年6-8月，为配合新疆"定居兴牧"工程沙湾县宁家河水库的修建，新疆文物考古研究所对水库淹没区及工程建设范围内的古墓葬进行了抢救性发掘，共发掘墓葬115座。

本次发掘的墓葬主要分布于宁家河小桥东西两岸的二级台地上，相对集中分布在三处，由北向南分为Ⅰ、Ⅱ、Ⅲ区，其中Ⅰ区位于河流西岸，Ⅱ、Ⅲ区位于河流东岸。墓葬呈片状或链状分布。地表封堆主要为石堆，由土石混合堆筑而成，大致呈圆形，高矮不一。墓室开口于封堆下，多为单墓室，个别为双墓室。

宁家河水库墓地全景

根据墓室形制，可分为竖穴石室墓、竖穴偏室墓、竖穴土坑墓、无墓室墓四种类型。墓主葬式以单人仰身直肢葬为主，个别为侧身屈肢葬，另见有双人葬、多人葬等葬俗。随葬器物数量不一。

相对较贫乏墓葬类型多样，其中第一

陶 罐

金饰件

银项圈

金饰件

宁家河水库墓地出土文物

种类型竖穴石室墓,从墓葬形制、葬式等方面来看,明确分属于两个不同时期。其中以M69、M70为代表的竖穴石室墓葬,葬式为侧身屈肢,头向西北,出土器物较少,除墓主脚踝处发现有铜脚链外,不见其他器物。墓葬碳十四测年数据为公元前1500－前1200年,属于青铜时代中晚期。第二种类型的竖穴石室墓,一般墓室内埋葬数人,人骨大多散乱,保存完好的墓葬人骨呈并排仰身直肢状。出土器物较为丰富,有彩陶罐、带柄铜镜、折沿铜镜、铜刀、砺石等。年代为春秋至汉代。

竖穴土坑墓文化差异很大。其中一种竖穴土坑墓葬,在墓室底部、墓主身下铺垫有一层小砾石。该类墓葬在沙湾县大鹿角湾墓地、新源县阿尤赛沟口墓地也有发现,年代大致在春秋战国时期。

竖穴偏室墓有两种形制,一种是偏室

宁家河水库墓墓室

位于竖穴北壁,葬式以仰身直肢单人葬为主,头向西或西北,随葬器物位于死者头部附近,年代大致在汉代。另一种是偏室位于竖穴西侧,竖穴内殉马,墓主人骨位于偏室内,头向北,仰身直肢。墓葬年代大约在唐至元时期。

综合来看,宁家河水库墓地的墓葬年代有青铜时代中晚期、早期铁器时代(春秋战国)、汉代、唐至元四个时期,以春秋战国至汉代的墓葬数量居多。整个墓地墓葬类型丰富,各自具有鲜明的文化特征。

教育交流及服务信息

一 服务队伍建设和服务方式

塔城地区博物馆从事专业讲解人员共8人。志愿者33人，志愿者中有汉族、哈萨克族、维吾尔族、蒙古族、达斡尔族。每日10:00—14:00，16:00—20:00为定时讲解时间。讲解语种为普通话和哈萨克语讲解。讲解内容做到"以人为本""因人而异"。根据观众的实际需要，尽量满足观众的求知需求和当地民族观众的参观需求，做到因人施讲。

讲解过程讲解员佩戴语音导览器，实行挂牌讲解服务。馆内设立了观众意见箱和意见簿接受观众监督。博物馆自2008年开馆以来，截止到2020年，共接待国内外游客近300万人次，接待团体12000余批次，博物馆每年开放时间不低于300天。观众凭身份证等有效证件免费参观。博物馆免费提供团队预约讲解服务和定时讲解服务；馆内设有机动车和非机动车停车场、物品寄存柜、公共饮水机、休息座椅、轮椅、医药箱、雨具、纸杯和餐巾纸等免费服务使用设施设备。为观众免费提供观众导览图和展览介绍彩页等服务项目。

二 宣传教育

塔城地区博物馆自2011年起每年精心组织开展流动博物馆进校园、进社区、进村队（牧场）、赴各县市巡展活动，巡展内容包括"塔城故事——厚重古朴的塔城俄式建筑、古遗址""草原文明缩影、和谐家园殿堂""血脉相连——新疆地方史、民族史、宗教史发展演变的珍贵印记""相斥相宜、交融沟通——新疆多元教育的演变历

塔城地区博物馆

史轨迹""新疆古代服饰的记忆""千年舞乐·经典传承——新疆舞乐艺术流动展"。2011—2019年，流动博物馆累计参观人数226880余人次。

塔城地区博物馆的"流动博物馆"活动每年展出展板112块，历年累计发放宣传折页20万余份。通过大量珍贵文物图片及讲解员的解说，为广大群众提供了一个准确、系统的历史文化知识，让更多的群众享受均等的文化服务，营造了一个全民关心、全民参与博物馆活动的良好的社会

"流动博物馆"启动仪式

氛围。

塔城地区博物馆"流动博物馆"展出"新疆四史"的巡展内容，营造了一股学习新疆历史的热潮，不仅能很好的让广大群

"流动博物馆"进校园活动

"流动博物馆"进社区活动

众了解中国悠久的历史文化，更能让大家热爱自己生活的这片沃土，各民族共同发展，相互信任，相互理解，相互包容，更加体现了民族融心、融情、融志。通过通俗易懂的方式和朴实的语言把历史文化知识和爱国主义教育传达给基层群众。从而使群众更能关心新疆历史并参与到博物馆文化的社会氛围中。

　　塔城地区博物馆发挥了博物馆社会教育的主要职能。充分利用节假日，积极组织社教活动，相继举办了维护公民基本文化权益、提高公民文化素养的各类活动，在加强公民思想道德建设中起到重要作用，为广大青少年提供了丰富的第二课堂。为更好地体现塔城地区博物馆特色，增加爱国主义教育活动的亮点，引导全地区少年儿童积极践行社会主义核心价值观，结合塔城地区博物馆"爱国主义教育基地"，

弘扬爱国主义教育精神，提高少年儿童综合素质。塔城地区博物馆号召全区少年儿童利用假期课余时间加入"历史画卷 红楼新声"活动队伍，小朋友们用画笔描绘历史画卷，用声音传达红楼新声。同时相继开展了"情系祖国，走进博物馆"活动、"我爱家乡"油画作品评选活动，结合周边文物遗迹，举办以"双塔"古城遗址、"绥靖城"等为主要内容的历史讲座。每年举办"我是优秀小小讲解员"评选活动、"我心中的博物馆"绘画活动、"弘扬传统文化 建设美

"小小讲解员"活动

带你走进博物馆

塔城地区博物馆

少儿手工活动　　　　　　　书法临时展

丽塔城"活动，开展青少年"画笔下的红楼"活动，开展"庆国庆"青少年教育活动等。

塔城地区博物馆2019年加入"惠游新疆"微博平台，发挥社会教育服务职能。为百姓提供了享受文化熏陶的全新模式，提升了博物馆的宣传效力。

三　临时展览

塔城地区博物馆分为新旧两楼，老楼面积2043平方米，具有百年历史。新楼仿老楼风格建造，展厅面积1789平方米，展厅可满足不同类型的展览需求。塔城地区博物馆拥有一个临时展览厅，位于老楼的历史陈列厅内，自开馆以来，相继举办了"塔城风景摄影作品展"、"塔城民俗摄影作品展"、"'流年似水'旧上海广告月份牌特展"、"塔城稀有动物摄影作品展"、"山东地区民间木版年画展"、"于福棠舞台美术设计展"、"'敝帚自珍'丰子恺漫画作品展"、贺振平"荒野传奇""生命炫色"作品展、"春雨工程"国家博物馆主题展、"禅心臻艺　莲生妙相"唐卡艺术展、"塔城植物花卉摄影作品展"、"大美新疆、油画塔

TACHENG MUSEUM

非物质文化遗产图片临时展

城"摄影展、"笔墨颂党恩"书法展、"塔城本土书法展"、"党彤摄影展"等疆内外交流展览。

塔城地区处于天山北坡经济带，曾经是北疆最大的商业贸易中心，是中国通往中亚的第三条铁路大干线和第二座亚欧大陆桥的必经之路，基于这个区域优势，塔城地区正向世人展现着无限的魅力和广阔的发展前景。塔城地区博物馆通过展览的形式，搭建起边疆与内地文化交流的平台，有力地促进了民族团结的文化繁荣发展，为观众开启了一扇通向塔城文明的历史之窗。

塔城地区博物馆每年不断引进各类展览，更加丰富了各族群众的精神文化生活，并且通过各类图书、画册、音像制品以及文创产品等，揭示塔城历史的神秘面纱，更加直观而全面地展现了塔城地区的历史文化。

带你走进博物馆

博物馆基本信息

地　　址：塔城市文化路18号

邮　　编：834700

联系电话：0901—6236652

传　　真：0901—6237031

免费开放时间：星期二至星期日10：00—14：00，16：00—20：00，
　　　　　　　19：30停止入场

　　　　　　星期一（国家法定假日除外）闭馆。

交　　通：公交1、2、5路可达